Michael Junge Das Johannes-Evangelium

Michael Junge

Das Johannes-Evangelium

Luthers Auslegung
Lorbers Erklärung

Kommentierte Darstellung

Der Autor

Michael Junge, geboren 1960 in Berlin, Verlagskaufmann, seit den Achtziger-jahren mit der Neuoffenbarung Jakob Lorbers vertraut.
Kontakt: *junge.michael@hotmail.de*

© 2014 Michael Junge
Alle Rechte vorbehalten
Lektorat: Dr. Katja Furthmann, Kleinmachnow
Umschlaggestaltung: Kersten Urbanke, Berlin
Herstellung und Verlag: BoD – Books on Demand GmbH, Norderstedt
Printed in Germany
ISBN: 978-3-7322-4460-7

Vorwort

Die vorliegende Forschungsarbeit soll einen Beitrag leisten zur Transparenz des reformatorischen Verständnisses und des neuoffenbarischen Anspruchs. Es werden drei Textquellen mit folgendem zeitlichen Kontext untersucht: Die Entstehung des biblischen Evangeliums nach Johannes wird zwischen 89 und 95 n. Chr. datiert. Martin Luther begann als Bibelprofessor 1522 mit der Auslegung des Johannes-Evangeliums. Jakob Lorber, der sich selbst als „Knecht des Herrn" bezeichnet, empfing durch die „innere Stimme" 1850 die Erklärung des biblischen Johannes-Evangeliums in dem Werk „Das Große Evangelium Johannis".

Weshalb eine Neuoffenbarung, wenn uns doch das Evangelium nach Johannes in der Bibel offenbart ist? Freunde der Neuoffenbarung verteidigen sie gegen diesen Einwand mit der steten Beteuerung, dass der Geist der Neuoffenbarung identisch sei mit dem Geist der Bibel. Mittlerweile liegen einige Dissertationen von evangelischen und katholischen Theologen sowie anderen Wissenschaftlern vor, die diese Auffassung allerdings nicht bestätigen. Einige Freikirchen und deren Seelsorger warnen geradezu vor diesen Schriften.

Dank dem Heiligen Geist legt sich nach reformatorischem Verständnis jedem Gläubigen die Heilige Schrift selber aus. Weil Lorber und seine Anhänger die „lebendige Stimme" für authentisch hielten, dient ihnen die Neuoffenbarung als Schlüssel zur Interpretation der Heiligen Schrift. Dieses diametrale Schriftverständnis führt dazu, dass eine Kommunikation kaum möglich ist, da einzelne Abschnitte der Heiligen Schrift völlig unterschiedlich verstanden werden. Somit ist der Beitrag überwiegend den Freunden der Neuoffenbarung und deren Angehörigen gewidmet. Vielfach bleibt ihnen das reformatorische Verständnis vom

Geschenk des Glaubens an Jesus Christus, wie es in der Heiligen Schrift bezeugt ist, verwehrt.

Mein großer Dank gilt dem Apologeten und Pfarrer Dr. Matthias Pöhlmann aus Germering für seine jahrelange wissenschaftliche Begleitung. Ich verdanke ihm unzählige wertvolle Hinweise und Ratschläge, die für die Arbeit an diesem Forschungsbeitrag sehr hilfreich waren.

Düsseldorf, im Januar 2014   Michael Junge

Inhalt

1 **Martin Luther und Jakob Lorber**   9

Gottes Geist versus „die lebendige Stimme"   9

2 **Das Johannes-Evangelium**   13

Luthers Auslegung und Lorbers Erklärung im Vergleich   13

  2.1 Das erste Kapitel   15

    2.1.1 Quellen und Einschätzungen   15

    2.1.2 Kommentar   79

  2.2 Das zweite Kapitel   81

    2.2.1 Quellen und Einschätzungen   81

    2.2.2 Kommentar   107

  2.3 Das dritte Kapitel   108

    2.3.1 Quellen und Einschätzungen   108

    2.3.2 Kommentar   128

  2.4 Das vierte Kapitel   130

    2.4.1 Quellen und Einschätzungen   130

    2.4.2 Kommentar   137

3 **Weitere Textquellen**   139

Zur Unterscheidung der Geister   139

  3.1 Brief Luthers an Melanchthon   140

  3.2 Luthers „Großer und Kleiner Katechismus"   142

  3.3 Brief Lorbers an einen Freund   145

  3.4 Lorbers „Dank- und Bittgebet des Knechts"   147

  3.5 Kommentar   149

4 Thesen und Resümee 151

Lorbers „lebendige Stimme" – keine Frucht
des Heiligen Geistes 151

Literaturhinweise 155

1

Martin Luther und Jakob Lorber
Gottes Geist versus „die lebendige Stimme"

Fast vier Jahrhunderte liegen zwischen dem Mönch und Reformator Martin Luther (1483–1546) und dem Komponisten und Neuoffenbarer Jakob Lorber (1800–1864); Welten jedoch sind es, die sich zwischen ihren verschiedenen Glaubensverständnissen auftun.

Martin Luther studierte Rechtswissenschaft, trat ins Augustinerkloster ein und promovierte als 29-Jähriger zum Doktor der Theologie. Er studierte die Bibel umfassend und ließ sie zu sich sprechen, die Heilige Schrift sah er als die alleinige Quelle der Offenbarung Gottes und somit als Grundlage der protestantischen Theologie. Er lehrte, dass das Heil allein aus dem Glauben *(sola fide)* an Jesus Christus *(solus Christus)* und ohne Zutun von menschlichen Werken *(sola gratia)* erlangt wird; er gab die Heilige Schrift *(sola scriptura)* an das Volk zurück.

Luther nahm sich selbst als Sünder und zugleich als Begnadeter wahr. Er entdeckte das Evangelium als eine Kraft Gottes, die selig macht, und verkündete die Freude über die Frohbotschaft. Die Trinität war für Luther eine unumstößliche Glaubenstatsache. Er vertraute dem Heiligen Geist, ohne den nach seiner Überzeugung kein Glaube an Jesus Christus möglich ist. Man hat den Theologen nie leichtfertig über Gott reden hören.

Luther war auch ein begnadeter Musiker. Er dichtete und komponierte zahlreiche Lieder in deutscher Sprache – in dem

Wissen, dass die Glaubenswahrheit über die Musik tief in die Seele dringt. Viele seiner Lieder werden noch heute in Gottesdiensten gesungen und zu Liedpredigten genutzt.

Seit Veröffentlichung seiner 95 Thesen im Jahr 1517 diente Luther als Reformator seiner neuen Glaubensüberzeugung noch 29 Jahre bis zu seinem Tod. Mutig verteidigte, vertrat und verkündete er seinen Glauben vor den Menschen – sei es vor Studenten, vor der Gemeinde oder auch vor den Landesfürsten –, selbst wenn er sich immer wieder mit Anfeindungen konfrontiert sah und Schicksalsschläge hinnehmen musste. Luthers Frau, die aus dem Kloster geflohene Nonne Katharina von Bora, war ihm gerade bei seinen persönlichen Problemen eine große Hilfe und seelische Stütze. Luthers reformatorische Grundsätze bilden das Fundament für Millionen von Christen.

Der Grazer Musiker und Mystiker *Jakob Lorber* stammte aus einer katholischen Bauernfamilie in der Untersteiermark. Früh interessierte er sich für religiöse Themen. Nachdem er als Lehrergehilfe und Organist in Marburg an der Drau tätig war, weckte ein Kaplan in St. Johann in ihm das Interesse am Priesterberuf. Lorber besuchte das Gymnasium, zunächst in Marburg, dann in Graz, bewarb sich erfolglos als Lehrer und wurde schließlich Musiker und Komponist. Später beschäftigte sich Lorber nachweislich mit freimaurerischem, spiritistischem und theosophischem Gedankengut. Er las neben Schriften von Jakob Böhme und Johann Tennhardt auch die kirchenkritischen Bücher von Johann Baptist Krebs alias Johann Baptist Kerning (1774–1851), der für die „Erkenntnis und Wiederbelebung einer prophetischen Kraft im Menschen" plädierte. Zwar gehörte Lorber bis zu seinem Tod der katholischen Konfession an, distanzierte sich aber von der Kirche und praktizierte seinen Glauben nicht; vom Besuch der Messe wird nichts berichtet, und außer zu seinen Grazer Freunden und Förderern pflegte er keine Glaubensgemeinschaft. Lorber wird von Zeitgenossen als bescheidener, ruhiger und umgänglicher Mensch beschrieben.

Kurz bevor er Aussicht auf eine Festanstellung hatte, am 15. März 1840, vernahm Lorber erstmals eine „lebendige Stimme" in der Gegend des Herzens, die ihn zum Schreiben aufforderte. Er war überzeugt, dass Jesus Christus selbst es ist, der ihm seine Worte diktierte, und bezeichnete sich als „Knecht des Herrn".[1] Im Zuge dieses „inneren Diktats" schrieb Lorber in den verbleibenden 24 Lebensjahren geschätzte 10 000 Druckseiten, darunter sein unvollendetes zehnbändiges Hauptwerk „Das große Evangelium Johannis". Verfasst in der 1. Person Singular, gibt Jesus darin einen detaillierten Bericht über seine drei Lehrjahre. Lorber hat den außerordentlichen Anspruch, den „wahren inneren Sinn" des Johannes-Evangeliums aufzudecken; seine Erklärung bricht allerdings im 4. Kapitel nach dem 42. Vers ab.

Lorbers Freunde, aber auch kritische Zeitzeugen gaben an, dass Lorber beim Diktat keine Bücher genutzt habe, sie hätten nur eine Bibel gefunden. Dass er diese beim Diktat benutzt hat, ist nicht belegt. Widersprüchliche Aussagen finden sich ebenso zu der Frage, ob von Lorber oder von seinem Biograf Karl Gottfried Ritter von Leitner Ergänzungen oder Korrekturen vorgenommen wurden.[2] Die Freunde von Jakob Lorber verbreiteten seine Werke zunächst handschriftlich; nach und nach entstanden lokale Lorber-Freundeskreise, aus denen schließlich die Lorber-Bewegung erwuchs.

Die Schriften Jakob Lorbers und das Phänomen der „lebendigen Stimme" sind sowohl zu Lorbers Lebzeiten als auch nach seinem Tod kontrovers diskutiert worden – unter Anhängern wie

---

[1]   Um 1920 taucht erstmals die Bezeichnung „Schreibknecht Gottes" auf. Vgl. Diemling 2012, S. 164.
[2]   Vgl. dazu insbesondere Rinnerthaler 1982, S. 29–30.

unter Kritikern. Die einen bescheinigen ihm höchste Erleuchtung, die anderen halten ihn für geisteskrank. Das vorliegende Buch versteht sich nicht primär als Beitrag zu dieser Diskussion. Vielmehr geht es darum, anhand eines Quellenvergleichs exemplarisch zu zeigen, wie weit Lorbers Neuoffenbarung von der biblischen Botschaft entfernt ist und wie sie religiös Suchende letztlich von der Bibel wegführt.

2

Das Johannes-Evangelium
Luthers Auslegung und Lorbers Erklärung im Vergleich

L uther bezeichnete das Johannes-Evangelium als das höchste aller Evangelien. Lorber hingegen beansprucht für sein neuoffenbarte Johannes-Evangelium, den von Gott diktierten „wahren inneren Sinn" aufzuzeigen – „allen, die da würdig sind, daran teilzunehmen" (Kapitel 1, Vers 3). Der folgende Quellenteil veranschaulicht detailliert den Gegensatz zwischen dem lutherischen und dem lorberschen Anspruch.

Die Auslegungen Martin Luthers und die Erklärungen Jakob Lorbers werden im Original dargestellt.[3] Die einzelnen Verse sind mit einer Einschätzung versehen, jedes Teilkapitel endet mit einem Kommentar. So bleibt genügend Raum, sich selber den

---

[3] Der Lutherbibel liegt der Bibeltext in der revidierten Fassung von 1984 (mit neuer deutscher Rechtschreibung) zugrunde. Auf Luther selbst geht der Brauch zurück, wichtige Bibelworte, sogenannte Kernstellen, durch eine besondere Schrift (in diesem Fall halbfett) hervorzuheben. Dies wurde auch in diesem Buch berücksichtigt. Bei der Zitierung der von Erwin Mülhaupt herausgegebenen Evangelien-Auslegung Luthers wurde auf die fettgedruckten Bibelzitate und die Einleitungen verzichtet, um Wiederholungen zu vermeiden und ein unvoreingenommenes Lesen zu ermöglichen. Die Zitierung aus Jakob Lorbers Werk „Das große Evangelium Johannis" folgt dem Original in der speziellen Versalien- und Fettschreibungen. Ursprünglich erschien das Werk ohne Kapitel- und Verseinteilung. Auch hier wurde auf die zahlreichen fettgedruckten Bibelzitate und Einleitungen (ausgenommen ergänzte Bibelstellen) verzichtet, um die Lektüre und Interpretation nicht zu beeinflussen.

Werken zu stellen oder auch sie vollständig im Original zu lesen. Zum kritischen Reflektieren möge der Reichtum der dargestellten Aussagen ermutigen.

Große Unterschiede werden sich nicht nur auf inhaltlicher Ebene zeigen, sondern auch beim Blick auf den Umfang beider Werke: Lorbers Erklärungen sind um ein Vielfaches ausführlicher als Luthers Auslegung (vgl. Tabelle 1).

	Kapitel	Verse
Biblisches Johannes-Evangelium, Kapitel 1	1	51
Lorbers Erklärung	9	133
Biblisches Johannes-Evangelium, Kapitel 2	1	25
Lorbers Erklärung	7	113
Biblisches Johannes-Evangelium, Kapitel 3	1	36
Lorbers Erklärung	8	102
Biblisches Johannes-Evangelium, Kapitel 4	1	54
Lorbers Erklärung	7	96

Tabelle 1: Textumfang von Luthers Auslegung und Lorbers Erklärung

Viele Worte sind also offenbar nötig, um den „wahren inneren Sinn" zu vermitteln, wie Lorber bzw. die „lebendige Stimme" es anstrebt. Ob dieser Anspruch tatsächlich erfüllt wird, soll der detaillierte Quellenvergleich zeigen.

2.1 Das erste Kapitel

2.1.1 Quellen und Einschätzungen

Lutherbibel, Das Evangelium nach Johannes, Kapitel 1, Vers 1
Im Anfang war das Wort, und das Wort war bei Gott, und Gott war das Wort.

Erwin Mülhaupt (Hrsg.), D Martin Luthers Evangelien-Auslegung, Vierter Teil: Das Johannes-Evangelium mit Ausnahme der Passionstexte, Göttingen 1961, Seite 6 [Weihnachtspostille 1522]
Was meinet er für einen Anfang als den, davon Moses sagt: „Im Anfang schuf Gott Himmel und Erden"? Das ist der Anfang, da die Kreaturen ihr Wesen angefangen haben; sonst ist kein Anfang zuvor gewesen; denn Gott hat nicht angefangen zu sein, sondern er ist ewig. So folgt, daß das Wort auch ewig ist, dieweil es nicht angefangen hat im Anfang, sondern es war schon im Anfang, sagt hie Johannes. Es fing nicht an, sondern da alle Dinge anfingen, da war es schon, und sein Wesen ging nicht an, sondern es war dabei, da aller Dinge Wesen anging. Wie vorsichtig redet der Evangelist, daß er nicht sagt: Im Anfang ward das Wort, sondern: es war da und ward nicht. Es hatte einen anderen Ursprung seines Wesens als Werden oder Anfangen. Dazu spricht er: „Im Anfang." Wäre er vor der Welt gemacht, wie die Arianer wollten, so wäre er nicht im Anfang gewesen, sondern er wäre das Anfangen selber gewesen. Nun aber steht St. Johannes fest und klar: „Im Anfang war das Wort", und er ist nicht das Anfangen gewesen. Woher hat St. Johannes solche Worte? Aus Mose, wie gesagt ist Genesis 1,3: „Gott sprach: Es werde ein Licht." Aus dem Text folgt handgreiflich dieser Text: „Im Anfang war das Wort"; denn hat Gott gesprochen, so mußte ein Wort da sein. So er's denn im Anfang sprach, als die Kreaturen anhuben, so war es ja schon im

Anfang und hat nicht angefangen mit den Kreaturen … Darum ist's meisterlich gesagt: „Im Anfang war das Wort"; damit ist angezeigt, daß es nicht angefangen hat und also notwendig vor dem Anfang ewig gewesen ist.

Jakob Lorber, Das große Evangelium Johannis, Band 1, Bietigheim 1967, Kapitel 1, Vers 5–8

Sehr unrichtig und dem innern Sinn sehr verhüllend ist der Ausdruck „Im Anfange"; denn dadurch könnte sogar der Gottheit ewiges Dasein bestritten und in Zweifel gezogen werden, was auch von einigen älteren Weltweisen geschehen ist, aus deren Schule die Gottesleugner dieser Zeit auch so ganz eigentlich hervorgegangen sind. So wir aber nun diesen Text recht geben werden, da wird die Hülle nur sehr dünn erscheinen, und es wird nicht schwer sein, den inneren Sinn durch solche leichte Hülle recht wohl und manchmal sehr genau zu erspähen.

Also aber laute die richtige Übersetzung: Im Urgrunde, oder auch in der Grundursache (alles Seins), war das Licht (der große heilige Schöpfungsgedanke, die wesenhafte Idee). Dieses Licht war nicht nur in, sondern auch bei Gott, d. h. das Licht trat als wesenhaft beschaulich aus Gott und war somit nicht nur in, sondern auch bei Gott und umfloß gewisserart das urgöttliche Sein, wodurch schon der Grund zu der einstigen Menschwerdung Gottes gelegt erscheint, was im nächstfolgenden Texte auch schon von selbst ganz hell ersichtlich wird.

Wer oder was war denn so ganz eigentlich dieser große Gedanke, diese heiligste Grundidee alles künftigen, wesenhaften, freiesten Seins? – Es war unmöglich etwas anderes als eben Gott Selbst, weil in Gott, durch Gott und aus Gott unmöglich etwas anderes als Gott Selbst nur Sich in Seinem ewig Vollkommensten Sein darstellte; und so mag dieser Text auch also lauten:

In Gott war das Licht, das Licht durchfloß und umfloß Gott, und Gott Selbst war das Licht.

Einschätzung

Nach Luthers Auslegung ist Gott ewig, das Wort ist vor dem Anfang gewesen, und die Kreaturen haben einen Anfang. Lorber dagegen möchte *im Anfang* mit *im Urgrunde* und *das Wort* mit *das Licht* übersetzt wissen. Der Wörteraustausch erklärt den inneren Sinn, führt jedoch in die Zweifelsfrage: Hat Gott dies gesagt beziehungsweise stimmen die Worte des Johannes-Evangeliums überhaupt? Die unhaltbaren Segnungen beginnen damit, dass uns die Augen geöffnet werden für den inneren Sinn der Schrift und wir neue Erkenntnisse daraus gewinnen, und gipfeln in der hochmütigen Lüge: Ihr werdet sein wie Gott!

Lutherbibel, Das Evangelium nach Johannes, Kapitel 1, Vers 2
Dasselbe war im Anfang bei Gott.

Erwin Mülhaupt (Hrsg.), D Martin Luthers Evangelien-Auslegung, Vierter Teil: Das Johannes-Evangelium mit Ausnahme der Passionstexte, Göttingen 1961, Seite 8 [Weihnachtspostille 1522]
Bei Gott, bei Gott war es, und doch war Gott das Wort. Siehe, so ficht der Evangelist auf beiden Seiten, daß beides wahr sei: Gott sei das Wort und das Wort sei bei Gott, Eine Natur göttlichen Wesens, und doch nicht Eine Person allein, und eine jegliche Person völlig und ganzer Gott im Anfang und ewiglich. Das sind die Sprüche, darinnen unser Glaube gegründet ist, darin wir uns auch halten müssen. Denn es ist ja überaus zu hoch der Vernunft, daß drei Personen sein sollen und eine jegliche sei vollkommen und der ganze einige Gott, und seien doch nicht drei Götter, sondern Ein Gott. Unsere Schullehrer haben's mit großen Subtilitäten hin und her getrieben, daß sie es ja begreiflich machten. Aber willst du dem bösen Feind nicht ins Netz fallen, so laß ihr Klügeln, Dünkeln und Subtilitäten fahren und halt' dich an diese göttlichen Worte; da kriech hinein und bleibe darinnen wie ein Hase in seiner Steinritzen. Spazierest du heraus und gibst dich auf ihr Menschengeschwätz, so soll dich der Feind (ver)führen und zuletzt stürzen, daß du nicht wissest, wo Vernunft, Glaube, Gott und du selbst bleibst. Glaube mir als dem, der solches erfahren und versucht hat und nicht aus einem Topf[4] redet; die Schrift ist uns nicht umsonst gegeben. Hätte die Vernunft vermocht recht zu fahren, die Schrift wäre uns nicht not gewesen. Laß dich Arius und Sabellius erschrecken, welche, so sie in der Schrift geblieben wären und hätten der Vernunft Spazieren gelassen, wären sie nicht solchen großen Schadens Anheber geworden. Und unsere

---

[4] Sprichwörtliche Redensart; der leere Topf ist Symbol der Hohlheit.

18

Schullehrer wären auch wohl Christen, wenn sie ihre Possen ließen mit ihren Subtilitäten und blieben in der Schrift.

Jakob Lorber, Das große Evangelium Johannis, Band 1, Bietigheim 1967, Kapitel 1, Vers 9

So nun der erste Vers zur Genüge erleuchtet, von jedermann einigen Lichtes leicht begriffen werden kann, so erklärt sich der zweite Vers von selbst und besagt nur zeugnisweise, daß das obbeschriebene Wort oder Licht oder der große Schöpfungsgedanke nicht ein in der Folge des Urgottseins entstandener, sondern ein mit Gott als Selbst Gott gleich ewiger ist und somit nimmer irgend einen einstigen Entstehungsprozeß in sich birgt, darum es denn auch gewisserart zeugnisweise erklärend heißt: Dasselbe war im Anfange oder im Urgrunde alles Seins und alles späteren Werdens als Urgrund selbst bei, in und aus Gott, also Selbst durch und durch Gott.

Einschätzung

Luther verwendet bewusst das Verhältniswort *bei*. Es geht von zwei Personen aus, die er dennoch als nur einen Gott versteht. Lorber erklärt, dass zum Wort *bei* die Wörter *in* und *aus* zu ergänzen seien, wodurch es zur Aufhebung der zwei Personen kommt. Hier zeichnet sich bereits das künftige Unverständnis von Gott Vater, Sohn und Heiliger Geist ab.

Lutherbibel, Das Evangelium nach Johannes, Kapitel 1, Vers 3
Alle Dinge sind durch dasselbe gemacht, und ohne dasselbe ist nichts gemacht, was gemacht ist.

Erwin Mülhaupt (Hrsg.), D Martin Luthers Evangelien-Auslegung, Vierter Teil: Das Johannes-Evangelium mit Ausnahme der Passionstexte, Göttingen 1961, Seite 8–9 [Weihnachtspostille 1522]
Ist das nicht klar genug gesagt? Ist das nicht zu verwundern, wenn jetzt die Eigensinnigen sich nicht lassen ihren Irrtum ausreden, wie klar und grob man ihnen die Wahrheit sage? So (meinen) die Arianer, diesem hellen und klaren Spruch entgehen zu können und sprechen: alle Dingen werden durchs Wort gemacht, aber er wäre zuvor gemacht, und darnach alle Dinge durch ihn; so doch hie stracks steht: „Alle Ding sind durch ihn gemacht"; (dann ist) ohne Zweifel, daß er nicht gemacht ist, auch nicht von der Zahl der gemachten Dinge ist. Denn wer alles nennt, schließt nichts aus; wie auch St. Paulus Hebr. 2,8 den Spruch Ps. 8,7 auslegt: „Alle Ding hast du ihm unter die Füße geworfen; in dem, sagt er, daß er alle Ding ihm unterworfen hat, hat er nichts gelassen, das er ihm nicht unterworfen habe." Und 1. Kor. 15,27: „Er hat ihm alles unterworfen, ohne Zweifel ausgenommen den, der ihm alles unterworfen hat." Also muß auch hie verstanden werden: „Alle Ding sind durch ihn gemacht", ohne Zweifel ausgenommen den, durch welchen alle Dinge gemacht sind, und ohne ihn nichts ist, das nicht gemacht ist. Diesen Spruch zieht er auch aus Mose (1. Mose 1,3,6,7), da er alle Kreatur aufzählt, die Gott gemacht hat, und spricht allemal: Gott sprach, und es ist geschehen; damit er zeigt, sie seien alle durch das Wort gemacht. Dennoch drückt St. Johannes das weiter aus und erkläret sich selbst und spricht:
„Und ohne ihn ist nichts gemacht, das gemacht ist."
Ist nichts ohne ihn gemacht, (wie)viel weniger ist er selbst gemacht, ohne welchen nichts gemacht ist; auf daß des Arius

Irrtum ja nichts möge aufbringen, wiewohl es nichts geholfen hat. Es bedarf ja keiner Glossen, daß dies Wort Gott ist und der rechte Schöpfer aller Kreaturen, weil ohne ihn nichts gemacht ist, was doch je gemacht ist … Als wollt' er sagen: Der Dinge, die gemacht sind, ist keines ohne ihn gemacht, damit er ja klar ausdrückt, daß alle Dinge durch ihn gemacht sind und er nicht gemacht ist, und also stracks und fest erhält, daß er wahrer Gott ist, wiewohl nicht von ihm selber, sondern von dem Vater. Darum heißt er's durch ihn gemacht und von dem Vater gemacht.

Jakob Lorber, Das große Evangelium Johannis, Band 1, Bietigheim 1967, Kapitel 1, Vers 10–12

In diesem Verse bezeugt sich das nur gewisserart als betätigt und handgreiflich, was da schon im ersten Verse sich als das „Wort" oder „Licht" im Urgrunde alles Seins und Werdens völlig gegenwärtig, aber noch nicht als schon ausgegangen bewerkstelligt, klar dargestellt hatte.

Es soll demnach dieser dritte Vers rein gegeben auch also lauten:

Alles Sein ward aus diesem Ursein, welches in Sich Selbst ist der ewige Urgrund Seines Seins durch und durch. Dieses Seins Licht, Wort und Wille stellte Sein höchst eigen Licht, Seine urewige Schöpfungsidee aus Sich Selbst ins feste beschauliche Dasein, und nichts gibt es in der ganzen ewigen Unendlichkeit, was nicht aus demselben Urgrunde und auf demselben Wege ins erscheinliche und beschauliche Dasein getreten wäre.

Wer nun diese drei ganz klar erläuterten Verse vollends aufgefaßt hat, dem ist der Vers 4 schon von selbst notwendig einleuchtend klar.

Einschätzung

In der lutherischen Auslegung entstammt alles Sein dem Wort; und gemäß dem ökumenischen Glaubensbekenntnis (Nizänum) ist Jesus Christus aus dem Vater geboren vor aller Zeit: Gott von Gott, Licht vom Licht, wahrer Gott vom wahren Gott gezeugt, nicht geschaffen. Lorber erklärt: „Alles Sein ward aus diesem Ursein …", die „urewige Schöpfungsidee" sei „aus Sich Selbst ins feste beschauliche Dasein [gestellt]". Mit dieser Loslösung von der Heiligen Schrift geht eine allmähliche Entfremdung einher, sodass Widersprüche gar nicht mehr auffallen.

Lutherbibel, Das Evangelium nach Johannes, Kapitel 1, Vers 4
In ihm war das Leben, und das Leben war das Licht der Menschen.

Erwin Mülhaupt (Hrsg.), D Martin Luthers Evangelien-Auslegung, Vierter Teil: Das Johannes-Evangelium mit Ausnahme der Passionstexte, Göttingen 1961, Seite 9–17 [Weihnachtspostille 1522]
Diesen Spruch beziehen sie gemeiniglich in das hohe Spekulieren und das schwere Verständnis von dem zweierlei Wesen der Kreaturen, davon die platonischen Philosophen berühmt sind; nämlich, daß alle Kreaturen haben ihr Wesen einmal in ihrer eigenen Natur und Art, wie sie geschaffen sind; zum andern in der göttlichen Vorsehung von Ewigkeit, darinnen er alle Dinge zu schaffen bei sich selbst beschlossen hat. Und also wie er lebt, so sind alle Dinge in ihm auch lebend und dasselbe Wesen der Kreatur in Gott, sprechen sie, ist edler als das Wesen in ihrer eigenen Art und Natur; denn in Gott lebt auch, das in ihm selbst nicht lebt, wie Stein, Erde, Wasser usw. Und also spricht St. Augustin[5], daß dies Wort sei ein Bild aller Kreaturen und gleich eine Schatzkammer voller solcher Bilder, die sie Ideas nennen, nach welchen die Kreatur gemacht ist, eine jegliche nach ihrem Bilde, und davon soll hie Johannes gesagt haben: „In ihm war das Leben", und knüpften den Text an den vorigen also: Was da gemacht ist, das war Leben in ihm, das ist: alles was je geschaffen ist, ehe es geschaffen ist, hat es zuvor in ihm gelebt.

Aber wiewohl ich dies nicht verwerfe, dünkt's mich doch, es sei zu weit gesucht und ein gezwungenes Verständnis an diesem Ort; denn Johannes redet gar einfältig und schlicht, denkt uns nicht in solche spitzige und subtile Betrachtung zu führen. Mir ist auch noch nicht kund zur Zeit, ob die ganze Schrift auf irgend

---

[5] In: Johannis ev. tract. (Migne, Patr. Lat. 35, 1387).

solche Weise von den Kreaturen rede. Sie sagt wohl, daß alle Dinge zuvor erkannt, erwählt und vor Gott eben bereit sind und leben, als wäre es schon geschehen, wie Christus Lukas 20,38 von Abraham, Isaak und Jakob sagt: „Gott ist nicht ein Gott der Toten, sondern der Lebendigen; denn sie leben ihm alle." Aber nicht findet man dermaßen geschrieben: in ihm leben alle Dinge. Auch dieser Spruch redet von mehr als von dem Leben der Kreatur in ihm, welches vor der Welt gewesen ist; sondern auf's allereinfältigste meint er, er sei der Brunn und Ursprung des Lebens, daß alles, was da lebet, von ihm und durch ihn und in ihm lebe, und außer ihm sei kein Leben; wie er selber sagt Joh. 14,6: „Ich bin der Weg, die Wahrheit und das Leben." Desgleichen Joh. 11,25: „Ich bin die Auferstehung und das Leben." Daher ihn Johannes in seiner Epistel (1. Joh. 1,1) nennt das Wort des Lebens, und sonderlich redet er von dem Leben, das die Menschen aus ihm haben, das ist, das ewige Leben, um welches Lebens willen er das Evangelium zu schreiben angefangen hat. Das beweiset auch der ganze Text; denn von welchem Leben er rede, erklärt er selbst und spricht: „Das Leben war ein Licht der Menschen"; darin er ohne Zweifel zeigt, wie er von dem Leben und Licht redet, das Christus den Menschen durch sich selbst gibt. Darum führt er auch Johannes den Täufer ein als einen Zeugen solchen Lichts. Nun ist's ja offenbar, wie der Täufer Johannes von Christo gepredigt hat, nicht nach der hohen Spekulation, davon sie reden, sondern einfältig und schlicht, wie Christus ein Licht und Leben allen Menschen zur Seligkeit ist.

Darum ist zu wissen, daß Johannes sein Evangelium geschrieben hat, wie die Historien sagen[6], aus der Ursach, daß der

---

[6]   Irenäus, Adv. haereses III,11.

Ketzer Kerinth[7] zu seiner Zeit aufstand und lehrte, Christus wäre nicht gewesen vor seiner Mutter Maria. Macht also einen lauteren Menschen oder Kreatur aus ihm. Demselben Ketzer zu begegnen hebt er sein Evangelium so hoch an und führet es auch also hindurch, daß er schier in allen Buchstaben Christi Gottheit predigt, welches keiner der anderen Evangelisten tut. Auch so mit großem Fleiß, daß er Christum vor Augen führt (Joh. 2,4) wie er sich so fremd gegen seine Mutter stellt und hart mit ihr redet, als wäre sie nicht seine Mutter: „Weib, was haben ich und du miteinander?" sprach er zu ihr. War das nicht ein fremdes, hartes Wort von einem Sohn zur Mutter? Also auch am Kreuz: „Weib, siehe, das ist dein Sohn" (Joh. 19,26). Das ist alles darum geschehen, daß er Christum aus und aus beweise (als) einen wahren Gott wider den Kerinth, und setzt doch die Worte also, daß er nicht allein Kerinth, sondern Arius, Sabellius und allen Ketzern begegnet. Wir lesen auch, daß derselbe heilige Johannes einmal den Kerinth im Bade sah und sprach zu seinen Jüngern: Laßt uns schnell hinausfliehen, daß wir nicht mit dem Menschen verderben. Und da er herausgekommen ist, sei das Badhaus eingefallen und haben den Feind der Wahrheit vertilget. Darum schärft und richtet er alle seine Worte wider den Irrtum des Kerinth und spricht, Christus ist nicht allein vor seiner Mutter gewesen, ja, er ist im Anfang das Wort gewesen, davon Moses im ersten Anfang schreibt (1. Mose 1,3), und alle Dinge sind durch ihn gemacht, und er ist bei Gott, und Gott ist das Wort gewesen, und ist im Anfang bei Gott gewesen; schlägt mit eitel Donnerschlägen auf den Kerinth. […]

---

[7] Kerinth zählt nach der kirchlichen Überlieferung zu den Vätern der häretischen Gnosis. Nach Irenäus soll er gelehrt haben, daß der Weltschöpfer vom höchsten Gott verschieden, und Jesus ein natürlich erzeugter Mensch gewesen sei, mit dem sich der obere Christus nur bis zur Kreuzigung verbunden habe.

Jakob Lorber, Das große Evangelium Johannis, Band 1, Bietigheim 1967, Kapitel 1, Vers 13–20

Es versteht sich ja schon bei weitem von selbst, daß ein Urgrundsein alles Seins, das Licht alles Lichtes, der Urgedanke aller Gedanken und Ideen, die Urform als der ewige Urgrund aller Formen fürs erste nicht formlos und fürs zweite nicht Tod sein konnte, da dieser den vollsten Gegensatz alles wie immer gearteten Seins im Grunde des Grundes bezeichnet. In diesem Worte oder Lichte oder in diesem großen Gedanken Gottes in Gott, und im Grunde des Grundes Gott Selbst, war sonach ein vollkommenstes Leben. Gott war also das urewigste, vollkommenste Grundleben in und aus Sich Selbst durch und durch, und dieses Licht oder Leben rief aus Sich die Wesen, und dieses Licht oder dieses Leben war das Licht und also auch das Leben in den Wesen, in den aus Ihm hervorgegangenen Menschen; und diese Wesen und Menschen waren sonach völlig ein Ebenmaß des Urlichtes, das in ihnen das Sein, Licht und also auch ein dem ewigen Ursein völlig ähnliches Leben bedingte.

Da aber das Urleben Gottes ein ganz vollkommen freies ist und sein muß, da es sonst so gut wie gar kein Leben wäre, dieses gleiche Leben aber in den geschaffenen Wesen ein und dasselbe Leben sein muß, ansonst es auch kein Leben und als sonach Nichtleben auch kein Sein wäre, so ist es ja nur zu handgreiflich klar, daß den geschaffenen Wesen, Menschen, nur ein vollkommen allerfreiestes Leben gegeben werden konnte, das sich selbst als ein vollständiges fühlen, aber aus eben diesem Gefühle auch ersehen mußte, daß es kein aus sich selbst hervorgehendes, sondern nur als ein völlig ebenmäßiges aus Gott nach Dessen ewig allmächtigem Willen hervorgegangen ist.

Diese Wahrnehmung mußte in allen geschaffenen Wesen vorhanden sein gleich der, daß ihr Leben und Sein ein völlig Gott ebenmäßiges sein muß, ansonst sie wieder weder ein Leben noch irgend ein Sein hätten.

So wir aber diesen Umstand näher betrachten, so ergibt es sich, daß sich in den geschaffenen Wesen notwendig zwei Gefühle begegnen müssen, und zwar erstens und zunächst das Gefühl der göttlichen Ebenmäßigkeit oder des Urlichtes Gottes in ihnen und zweitens aus eben diesem Lichte aber dann auch notwendig das Gefühl des zeitgemäßen Werdens durch den Urwillen des Schöpfers.

Das erste Gefühl stellt das Geschöpf unbedingt dem Schöpfer gleich und wie aus sich hervorgehend völlig unabhängig von dem ewigen Urgrunde, als gleichsam solchen in sich selbst fassend und bergend; das zweite aus diesem ersten notwendig hervorgehende Lebensgefühl aber muß sich dennoch als ein vom eigentlichen Urgrunde aus sich hervorgerufenes und erst in der Zeitenfolge als in sich selbst als frei manifestiertes und somit vom Haupturgrunde sehr abhängiges ansehen und betrachten.

Dieses demütige Gefühl aber macht das erste Hoheitsgefühl ebenfalls zu einem Demutsgefühle, was fürs Hoheitsgefühl freilich wohl eine höchst und unumgänglich nötige Sache ist, wie es in der Folge klar gezeigt wird.

Das Hoheitsgefühl streitet ganz gewaltig gegen solch eine Erniedrigung und will das zweite Gefühl erdrücken.

Durch solchen Kampf aber entsteht dann Groll und am Ende Haß gegen den Urgrund alles Seins und aus dem gegen das niedere Demuts- oder Abhängigkeitsgefühl; dadurch erlahmt und verfinstert sich aber dann das Hoheitsgefühl, und es wird dann aus dem Urlichte im geschaffenen Wesen Nacht und Finsternis. Diese Nacht und diese Finsternis erkennt dann kaum mehr das Urlicht in sich und entfernt sich also, als blind und dabei dennoch selbständig, vom Urgrunde seines Seins und Werdens und erkennt solchen nicht in seiner Verblendung.

Einschätzung

Luther geht differenziert auf zahlreiche Spekulationen ein und belegt anhand der Schrift, dass mit Leben und Licht die Gottheit Christi gemeint ist. Lorber legt dar, dass Gott als das vollkommenste Grundleben dieses Licht oder Leben aus sich selbst den Menschen gerufen habe, Gott sei das völlige Ebenmaß des Urlichtes. Losgelöst von der Schrift geht es um die Wahrnehmung zweier ringender Gefühle im Menschen: Hoheits- und Demutsgefühl.

Lutherbibel, Das Evangelium nach Johannes, Kapitel 1, Vers 5
Und das Licht scheint in der Finsternis, und die Finsternis hat's nicht ergriffen.

Erwin Mülhaupt (Hrsg.), D Martin Luthers Evangelien-Auslegung, Vierter Teil: Das Johannes-Evangelium mit Ausnahme der Passionstexte, Göttingen 1961, Seite 18–19 (Auszug) [Weihnachtspostille 1522]
Auch ist das eine blinde, ungeschickte Rede, wenn sie schon von dem natürlichen Licht sagen, daß die Finsternis das Licht nicht begreift. Was wäre das anders gesagt als dies, daß die Vernunft erleuchtet und angezündet wird von dem göttlichen Licht und bleibt doch finster und empfängt kein Licht? Wo kommt denn ihr natürliches Licht her? Es kann ja nicht Finsternis da sein, wenn das Licht angezündet wird, obschon Finsternis aus Gebrechen des Gnadenlichts da ist. Aber von dem Gnadenlicht reden sie nicht; so können sie auch von derselbigen Finsternis nicht reden. Darum strebt's widereinander, daß ein Licht sollte die Finsternis erleuchten, und die Finsternis sollt's nicht begreifen oder finster bleiben; gleich wie widereinander streitet, daß ein Leben sollte dem Toten gegeben werden und der Tote sollte das Leben nicht begreifen noch gewahr werden und tot bleiben. Will man aber sagen, man begreife den nicht, der das Licht und Leben gibt, so höre ich wohl, welcher Engel begreift denselben? Welcher Heilige begreift den, der ihm die Gnade gibt? Er bleibt wohl verborgen und unbegriffen. Aber das heißt nicht, wie hie der Evangelist sagt, daß das Licht nicht begriffen wird von der Finsternis, sondern wie die Worte lauten, ist das die Meinung: das Licht leuchtet in die Finsternis, aber die Finsternis bleibt finster und wird nicht erleuchtet davon, läßt ihn leuchten und sieht doch nicht, gleichwie die Sonne scheinet den Blinden und sie werden's doch nicht gewahr. Siehe, was (für) Worte muß ich verschütten, daß ich diesen fremden Verstand aufhebe!

Darum laßt uns bleiben auf dem einfältigen Verstand, den die Worte ungezwungen geben: alle, die da erleuchtet werden mit natürlicher Vernunft, die begreifen das Licht und werden erleuchtet, ein jeglicher nach seinem Maß. Aber dies Licht der Gnaden, das den Menschen über das natürliche Licht gegeben ist, leuchtet in die Finsternis, das ist, unter die blinden und gnadenlosen Menschen der Welt; aber sie nehmen's nicht an, ja, sie verfolgen's dazu. Das meint er, wenn er sagt (Joh. 3,19): „Das verdammt die Welt, daß ein Licht ist kommen in die Welt, und die Menschen liebten die Finsternis mehr denn das Licht." Siehe, also war Christus, ehe er von Johannes dem Täufer verkündigt ward, unter den Leuten auf Erden, aber niemand achtete sein. Er war ja das Leben und das Licht der Menschen. Er lebet und leuchtet auch, aber es war eitel Finsternis da und dieselbe Finsternis empfand ihn nicht. Es war eitel Welt, blindes und finsteres Volk. Hätten sie ihn erkannt, wer er wäre, sie hätten ihm seine Ehre gegeben, wie Paulus sagt (1. Kor. 2,8): „Hätten sie die Weisheit Gottes erkannt, sie hätten den König der Ehren nicht gekreuzigt." Dermaßen ist auch Christus vor seiner Geburt von Anbeginn und bis ans Ende immer ein Leben und Licht gewesen und leuchtet allezeit in allen Kreaturen in der Heiligen Schrift, durch seine heiligen Menschen, Propheten und Predigern, mit Werken und Worten, hat noch nie aufgehöret zu leuchten; aber es ist alles finster, da er hinleuchtet, und die Finsternis begreift ihn nicht. Also möchte St. Johannes diese Worte auch wohl auf seinen Kerinth gerichtet haben, daß er die helle Schrift und Wahrheit sah, die ihm leuchtet; dennoch begreift sie seine große Finsternis nicht. Also geht's allezeit, auch jetzt, ob man den blinden Lehrern die Schrift zeigt, daß sie es begreifen mögen; dennoch begreifen sie es nicht, und bleibt wahr, daß das Licht leuchtet in die Finsternis und die Finsternis begreift es nicht.

Und ist merklich wahrzunehmen, daß der Evangelist hie spricht: „Das Licht leuchtet (phainei)", das ist: es ist offenbar oder gegenwärtig vor Augen in der Finsternis, aber wer nicht mehr davon hat, der bleibt finster; gleichwie die Sonne dem Blinden scheinet, aber er siehet darum nicht mehr. Also ist die Art dieses Lichts, daß es in Finsternis scheinet, aber die Finsternis wird nichts desto lichter davon. Aber in den Gläubigen scheinet es nicht allein, sondern es macht sie durchleuchtig und sehend und lebt in ihnen, daß es wohl mag heißen: „Das Leben ist ein Licht der Menschen." Wiederum, das Licht ohne Leben ist ein Schein der Finsternis; darum hilft kein Scheinen bei den Ungläubigen, wie helle man ihnen die Wahrheit zeigt und vorhält, so bleiben sie doch finster. So wollen wir nun alle diese vorigen Sprüche des Evangelisten verstehen als gemeine Eigenschaften und Titel Christi, daß er damit wie in einer Vorrede und Eingang seines Evangeliums insgemein angezeigt haben will, was von Christo im ganzen Evangelium zu schreiben ist, nämlich, daß er wahrer Gott und Mensch ist, der alle Dinge geschaffen hat, und er ist den Menschen zu einem Leben und Licht gegeben, wiewohl ihn wenige aufnehmen unter allen, denen er offenbart wird; denn solches und nicht mehr enthält das Evangelium und St. Paulus, (Röm. 1,1–6) macht auch dermaßen eine Vorrede und Eingang seiner Epistel. Nun folgt der rechte Anfang des Evangeliums.

Jakob Lorber, Das große Evangelium Johannis, Band 1, Bietigheim 1967, Kapitel 1, Vers 21–25

Daher mag dann dieses Urlicht leuchten in solcher Nacht, wie es auch leuchten mag; da aber die Nacht, die wohl auch aus dem Lichte entstanden ist, keine ordentliche Sehe mehr hat, so erkennt sie das Licht nicht, das da kommt in solche Nacht, um selbige wieder ins rechte Urlicht zu umstalten.

Sogestaltig kam denn auch **Ich** als das ewige Ursein alles Seins und als das Urlicht alles Lichtes und Lebens in die Welt der Finsternis zu denen, die aus Mir waren; aber sie erkannten Mich nicht in der Nacht ihres ermatteten Hoheitsgefühles!

Denn dieser 5. Vers deutet eben darauf hin, wie nach und in den ursprünglichen Maßen und Verhältnissen Ich als ganz Derselbe, Der Ich von Ewigkeit war, in diese von Mir und aus Mir geschaffene Welt komme und diese Mich nicht erkennt als ihr eigenstes Grundsein.

Aber Ich als der Urgrund alles Seins mußte ja aus Meinem urewigen Allichte sehen, wie das Hoheitsgefühl als Urlicht in den Menschen durch den fortwährenden Kampf stets matter und schwächer und sonach als Lebenslicht auch dunkler und am Ende gar finster ward, und daß demnach die Menschen, so Ich zu ihnen in dem ihnen aus Mir gegebenen Ebenmaße käme, Mich nicht erkennen würden, wenigstens gar sehr viele nicht, besonders so Ich als ein reiner Deus ex machina (plötzlich auftretender Gott; d. Hsg.) ganz unerwartet und unvorbereitet in beschränkter Menschenform zu ihnen käme und Ich es Mir dann Selbst zuzuschreiben hätte, daß Mich die Menschen als unvorbereitet auf solch Meine Ankunft unmöglich erkennen könnten.

Ja, wohl sah Ich das von Ewigkeit ein und ließ daher den Menschen schon von ihrem ersten aus Mir geschiedenen Entstehen angefangen bis zu Meiner wirklichen Ankunft durch viele tausend Seher, die im Kampfe das Licht nicht verloren, eben solche Meine Ankunft vorhersagen und die Art und Weise und so-gar den Ort und die Zeit Meiner Ankunft bezeichnen, und bei Meiner wirklich erfolgten Ankunft ließ Ich große Zeichen ge-schehen und erweckte einen Mann, in dem ein hoher Urgeist Wohnung nahm, daß er den Blinden verkünde Meine Ankunft und volle Gegenwart auf der Erde.

Einschätzung

Luther versteht die ersten fünf Verse als Eingang zum Evangeli-um. Sie handeln von Titeln und Eigenschaften Christi und gipfeln in der Aussage, dass Christus wahrer Gott und Mensch sei. Lor-ber erklärt, dass ein erstarktes Demutsgefühl das Hoheitsgefühl der Menschen geschwächt und so die Nacht ausgelöst habe. Das „Ich" als „das Urlicht alles Lichtes und Lebens" hätten die Men-schen nicht erkannt, weil es in die Dunkelheit ihres ermatteten Hoheitsgefühls getreten sei. Wie kann Gott dem Demütigen seine Gnade schenken, wenn laut Lorber ein erstarktes Demutsgefühl für die Nacht, das ermattete Hoheitsgefühl, verantwortlich ist?

Lutherbibel, Das Evangelium nach Johannes, Kapitel 1, Vers 6
Es war ein Mensch, von Gott gesandt, der hieß Johannes.

Erwin Mülhaupt (Hrsg.), D Martin Luthers Evangelien-Auslegung, Vier-
ter Teil: Das Johannes-Evangelium mit Ausnahme der Passionstexte, Göt-
tingen 1961, Seite 29–31 (Auszug) [Weihnachtspostille 1522]
Weiter, wie Johannes nicht kam von ihm selbst, sondern ward
gesandt von Gott, also (ver)mag (nicht) das Evangelium oder eine
Predigt von diesem Licht von sich selbst oder aus Menschen
Vernunft (zu)kommen, sondern Gott muß es senden. Darum legt
hie der Evangelist nieder alle Menschenlehre; denn was die Menschen lehren, das zeigt Christum, dies Licht, nimmermehr, ja verhindert's nur. Was aber Christum zeigt, das ist gewißlich von
Gott gesandt und nicht von Menschen erfunden. Darum drückt
der Evangelist den Namen aus und spricht: „Sein Name hieß
Johannes." Johannes aber heißt auf hebräisch Gnade oder Gunst,
zu bedeuten, daß solche Predigt und Botschaft aus keinem unseren Verdienst, sondern aus lauter Gnade und Gunst Gottes aus-
gesandt wird, bringt auch eitel Gnade und Gunst Gottes. Das
sagt auch St. Paulus (Röm. 10,15): „Wie können sie predigen, so sie
nicht gesandt sind?"

Und aus dem allen sehen wir, daß der Evangelist von Christo
also handelt, daß er (als) Gott erkannt werde. Denn wenn er das
Licht ist, das an allen Orten gegenwärtig ist und in die Finsternis
scheinet, daß es nicht mehr bedarf, als daß es offenbart (werde)
durchs Wort, und erkannt werde durch den Glauben der Herzen,
so muß es gewißlich Gott sein; denn keine Kreatur kann dermaßen so nahe an allen Orten und Herzen scheinen. Doch ist's wiederum also Gott, daß er dennoch Mensch ist und gepredigt wird
in und von demselben Menschen.

Jakob Lorber, Das große Evangelium Johannis, Band 1, Bietigheim 1967, Kapitel 2, Vers 1

Dieser Mann hieß Johannes, der am Jordan die Buße predigte und die Bekehrten mit dem Wasser taufte. In diesem Manne wohnte der Geist des Propheten Elias, und dieser war ebenderselbe Engelsgeist, der den Luzifer im Urbeginne besiegte und später auf dem bekannten Berge um den Leichnam Mosis mit ebendem Luzifer rang (also Michael – d. Hsg.).

Einschätzung

Luther vermittelt, dass Johannes von Gott gesandt sei, um mündlich das Evangelium aus der Gnade und Gunst Gottes zu predigen. Daraus erkläre sich auch die Bedeutung des hebräischen Namens Johannes. Nach Lorbers Auffassung war in Johannes dem Täufer der Geist des Propheten Elias. Dieser Engelsgeist sei auch in Michael gewesen, welcher einst Luzifer besiegt habe. Dies kann als Rechtfertigung für wichtige Ausnahmen der Reinkarnation dienen und regt das religiöse Spekulieren über mögliche weitere Inkarnationen eines hohen Geistes an.

Lutherbibel, Das Evangelium nach Johannes, Kapitel 1, Vers 7
Der kam zum Zeugnis, um von dem Licht zu zeugen, damit sie
alle durch ihn glaubten.

Erwin Mülhaupt (Hrsg.), D Martin Luthers Evangelien-Auslegung, Vierter Teil: Das Johannes-Evangelium mit Ausnahme der Passionstexte, Göttingen 1961, Seite 31 [Weihnachtspostille 1522]
Siehe, das ist nun klar aus dem, das jetzt gesagt ist, wie das Evangelium nur dies Licht verkündigt, den Menschen Christum, und macht, daß es die Finsternis begreifen kann, doch nicht durch Vernunft oder Empfindung, sondern durch den Glauben; denn er spricht nämlich, daß jedermann durch ihn glaubte. Desgleichen: „Er ist gekommen zu einem Zeugnis" und sollte Zeugnis geben. Nun ist die Natur des Zeugnisses, daß es von dem Ding redet, das man nicht siehet, weiß noch fühlet, sondern glauben muß dem Zeugen, der es bezeugt. Also fordert das Evangelium nicht, daß die Vernunft beschließt und zufalle, sondern einen übervernünftigen Glauben; sonst kann dies Licht nicht erkannt werden. So ist droben genugsam gesagt, wie die Vernunft mit ihrem Licht wider dies Licht ficht und tobt, geschweige denn, daß sie es begreifen und ihm zufallen sollte. Denn es steht fest: die Finsternis begreift dies Licht nicht; darum muß die Vernunft mit ihrem Licht gefangen und geblendet werden; wie er im Jesaja (60,19) sagt: „Ich will deine Sonne (das ist, deine Vernunft) decken mit einer Wolke", das ist mit dem Evangelium oder Wort Gottes oder Johannis Zeugnis, welches den Glauben fordert und die Vernunft zu Narren macht. Desgleichen: „Es soll dir deine Sonne nicht mehr leuchten, und das Licht deines Mondes soll nicht mehr sein in dir, sondern dein Gott soll dir sein ein ewiges Licht." Denn darum wird dies Licht durchs Wort bezeugt, daß die Vernunft von ihr selbst treten soll und dem Zeugnis folgen; so begreift sie das Licht in demselben Glauben und wird ihre

Finsternis erleuchtet. Denn wo sie von ihr selbst vermöchte, dies Licht (zu) begreifen oder ihm (zu)zufallen, wäre Johannis und sein Zeugnis nicht not. Also ist das Evangelium nur dahin gerichtet, daß es ein Zeugnis sei um der eigensinnigen, blinden, halsstarrigen Vernunft willen, derselben zu wehren und sie von ihrem eigenen Licht und Dünkel zu führen zum Glauben, durch welchen sie begreift dies lebendige und ewige Licht.

Jakob Lorber, Das große Evangelium Johannis, Band 1, Bietigheim 1967, Kapitel 2, Vers 2

Dieser kam als ein Zeuge (von oben), auf daß er vom Lichte ein Zeugnis gäbe, damit sie alle (die lichtlosen Menschen) durch ihn glaubeten (d. h. durch sein Licht das zu ihnen gekommene Urlicht erkenneten).

Dieser kam als ein alter und neuer Zeuge von oben, d. h. vom Urlichte als Licht, auf daß er zeugte vom Urlichte, vom Ursein Gottes, Das nun Selbst das Fleisch annahm und in vollgleicher Menschenform als Selbst Mensch zu Seinen Menschen, die aus Ihm sind, kam, um sie in ihrer Nacht neu zu erleuchten und sie sogestaltig Seinem Urlichte wieder zurückzugeben.

Einschätzung

Luther geht auf die Finsternis unserer eigensinnigen Vernunft ein und belegt, dass Johannes Christus als das Licht bezeugt, damit alle Menschen durch ihn glauben. Lorber deutet es so: Der alte und neue Zeuge zeugt vom Ursein Gottes, um die aus Gott geborenen Menschen in ihrer Nacht zu erleuchten und sie dem Urlicht wieder zurückzugeben. Die schmeichelnden Worte der eigensinnigen Neuoffenbarung können über den Widerspruch nicht hinwegtäuschen.

Lutherbibel, Das Evangelium nach Johannes, Kapitel 1, Vers 8
Er war nicht das Licht, sondern er sollte zeugen von dem Licht.

Erwin Mülhaupt (Hrsg.), D Martin Luthers Evangelien-Auslegung, Vierter Teil: Das Johannes-Evangelium mit Ausnahme der Passionstexte, Göttingen 1961, Seite 31–32 (Auszug) [Weihnachtspostille 1522]
Lieber, warum sagt er das und wiederholet noch einmal die Worte, daß Johannes nur ein Zeuge dieses Lichtes gewesen ist? O, ein nötiges Wiederholen! Zum ersten, zu beweisen, daß dies Licht nicht ein Mensch, sondern Gott selbst ist; denn, wie ich gesagt, der Evangelist wollte gerne in allen Worten Christi Gottheit anzeigen. Ist Johannes, der große Heilige, nicht das Licht, sondern nur ein Zeuge desselben, so muß dieses Licht weit mehr sein als alles was da heilig ist, es sei Engel oder Mensch. Denn sollte Heiligkeit ein solches Licht machen, sie hätte Johannes auch zu einem gemacht. Nun aber ist's über die Heiligkeit, darum mußte es auch über die Engel sein, die auch nicht über die Heiligkeit sind. Zum anderen, zu wehren den frevlen Menschenpredigern, die nicht Christum, das Licht, bezeugen, sondern sich selbst; denn das ist eigentlich wahr: alle, die da Menschenlehre predigen, die machen einen Menschen zu einem Licht und führen die Leute von diesem Licht zu sich selbst, und setzen sich an Statt dieses wahren Lichts, wie der Papst und die Seinen tun; darum ist er auch Endchrist, das ist ein Widerchrist und wider dies wahre Licht. Es mag das Evangelium keine andere Lehre neben sich leiden, es will nur Christi Zeuge sein und die Leute zu diesem Licht, Christo, führen. Darum, o Herr Gott, die Worte: „Er war nicht das Licht", wären wohl würdig (sie) mit großen Buchstaben zu schreiben und fleißig zu merken wider die Menschen, die sich dargeben und wollen Leute Lehr und Gesetz aus ihrem eigenen Kopf geben, und geben vor, sie zu erleuchten, und führen sie in (den) Abgrund der Hölle mit ihnen; denn sie lehren ja den Glau-

ben nicht und können ihn nicht lehren, welchen niemand denn der Gesandte von Gott, Johannes, das heilige Evangelium lehret. Ach, davon wäre viel zu sagen!

Jakob Lorber, Das große Evangelium Johannis, Band 1, Bietigheim 1967, Kapitel 2, Vers 3–4

Er war nicht das Licht (aus sich), sondern er war nur ein Zeugnis des Lichtes (d. h. er zeugte dem verfinsterten Hoheitsgefühle der Menschen gegenüber, daß nun das Urlicht Selbst von Seiner ewigen Höhe herabkam als ein Lamm in der Demut zu den Menschen und nähme freiwillig alle ihre Schwäche (Sünden) auf Sich, um dadurch den Menschen das Urlicht wieder zu geben und sie Ihm gleichzumachen und -zustellen).

Dieser Mann war freilich wohl das eigentliche Urlicht nicht Selbst, sondern gleich allen Wesen nur ein Teillicht aus dem Urlichte. Aber ihm ward es also gegeben, im Verbande mit dem Urlichte zu verbleiben durch seine überwiegende Demut.

Da er aber also im steten Verbande mit dem Urlichte sich befand und Dieses wohl unterschied von seinem Lichte – da er wohl auch aus dem Urlichte hervorgegangen ist, aber dennoch nicht Urlicht, sondern nur ein Ablicht Desselben war, auf daß er Dasselbe erkennete und Demselben ein rechtes Zeugnis gäbe –, so gab er denn auch ein vollgültiges Zeugnis dem Urlichte und erweckte dadurch so viel des rechten Lichtes in den Herzen der Menschen, daß diese dann, wenn schon anfangs nur sehr schwach, aber mit der Zeit doch stets stärker und heller erkennen konnten, daß das Urlicht, Das nun im Fleische eingehüllt, dennoch Dasselbe ist, Dem alle Wesen und Menschen ihr selbständiges Dasein verdanken und es als selbständig für ewig behalten können, so sie es wollen.

Einschätzung

Luther betont, dass das Zeugnis des Johannes allen Menschenlehren übergeordnet sei. Nach seiner Auslegung geben auch die Engel als Heilige ihre Ehre allein Gott, dem Herrn Zebaoth, der das Licht war, ist und ewig sein wird. Nach Ansicht Lorbers blieb Johannes durch seine überwiegende Demut mit dem Urlicht verbunden und konnte deshalb ein vollgültiges Zeugnis vom Urlicht abgeben. Das Urlicht sei aus der Höhe zu den Menschen herabgekommen, es sollte die Menschen Gott gleichmachen. Diese Erklärung geht weit über ein Zeugen von dem Licht hinaus: Da hinter dem Begriff *Urlicht* Gott selbst steht, fällt die alte Lüge „Ihr werdet sein wie Gott" kaum noch auf.

Lutherbibel, Das Evangelium nach Johannes, Kapitel 1, Vers 9
Das war das wahre Licht, das alle Menschen erleuchtet, die in diese Welt kommen.

Erwin Mülhaupt (Hrsg.), D Martin Luthers Evangelien-Auslegung, Vierter Teil: Das Johannes-Evangelium mit Ausnahme der Passionstexte, Göttingen 1961, Seite 32–35 [Weihnachtspostille 1522]
Weder Johannes noch ein Heiliger ist das Licht, es ist aber ein wahres Licht, das Johannes bezeugt und alle evangelischen Prediger. Nun, von dem Licht, was es sei, ist genug diesmal gesagt, wie es durch den Glauben erkannt, uns erhält im Leben und Sterben ewiglich, daß uns nimmer keine Finsternis kann schaden. Das ist aber wunderlich, daß er sagt, es erleuchte alle Menschen, die da kommen in diese Welt. Soll es gesagt sein von dem natürlichen Licht, so streitet dawider, daß er spricht, es sei das wahre Licht. So hat er droben gesagt: Die Finsternis begreift's nicht, und sind alle Worte gerichtet auf das Gnadenlicht. Dazu folgt hernach: „Er ist kommen in die Welt und die Welt hat ihn nicht erkannt, und die Seinen haben ihn nicht aufgenommen." Welchen aber das wahre Licht erleuchtet, der ist mit Gnaden erleuchtet und erkennt ihn. [...]

Siehe darum, nachdem er gesagt hatte: „Es erleuchtet alle Menschen", sah er, daß (es) zuweit gesagt war, und tat dazu: „die in diese Welt kommen", daß er ein Licht aus Christo machte in diese Welt. Denn in jener Welt wird das Licht aufhören und in die ewige Klarheit verwandelt werden. Wie auch St. Paulus (1. Kor. 15,24) sagt: daß Christus wird alsdann das Reich dem Vater übergeben, jetzt aber regiert er durch seine Menschheit. Nun, wie er das Reich übergeben wird, so wird er auch das Licht übergeben. Nicht, daß es zweierlei Lichter sind oder (wir) etwas anderes sehen werden als jetzt, sondern daß wir eben dasselbe Licht, eben denselben Gott, den wir jetzt im Glauben sehen, (sehen) werden auf eine andere Weise. Jetzt sehen wir ihn im Glauben verborgen, dann werden wir ihn sehen unverborgen. Gleich wie wenn ich in ein güldenes Bild durch ein gemaltes Glas sehe oder sonst verdeckt, und darnach bloß aufgedeckt, so sagt St. Paulus (1. Kor. 13,12): „Wir sehen jetzt durch einen Spiegel und Verdeckung, dann aber werden wir ihn sehen, wie er ist." Siehe, so hast du, von was für einem Licht der Evangelist redet: daß Christus der Menschen Licht ist durch seine Menschheit, das ist im Glauben, durch welche seine Gottheit leuchtet wie durch einen Spiegel oder gefärbtes Glas, oder wie die Sonne durch eine lichte Wolke, daß ja das Licht werde der Gottheit zugemessen, nicht der Menschheit, doch die Menschheit nicht verachtet (werde), als die da ist die Wolke und Vorhang dieses Lichts, das ist ja klar genug geredet, und wer den Glauben hat, versteht dies alles wohl, daß sichs so mit diesem Licht verhält. Wer aber nicht glaubt, der versteht es nicht, da liegt auch nichts daran, er soll's nicht verstehen, und wäre besser, daß derselbe nichts in der Bibel wüßte oder studierte; denn er verführt sich und jedermann mit seinem irrigen Licht, daß er meint, es sei der Schrift Licht, welches sich doch nicht läßt verstehen ohne den rechten Glauben. Denn dieses Licht leuchtet in die Finsternis, wird aber von ihr nicht begriffen.

Es kann dieser Spruch auch die Meinung haben, daß der Evangelist wolle, das Evangelium und der Glaube sei in aller Welt gepredigt, und dies Licht aufgegangen vor allen Menschen dieser Welt, wie die Sonne über alle Menschen aufgeht, gleichwie St. Paulus (Kol. 1,23) sagt: „Das Evangelium ist gepredigt in aller Kreatur unter dem Himmel", und er selbst Marci am letzten sprach (Mk. 16,15): „Geht in alle Welt, und predigt das Evangelium aller Kreatur", wie auch der Psalm 19 (Ps. 19,7) von ihm sagt: „Sein Ausgang ist vom Aufgang der Sonnen bis zum Niedergang, und ist niemand, der sich vor seiner Hitze verberge." Wie das zu verstehen sei, ist droben gesagt, in der Epistel von der Christmesse[8]. Also wäre dies ein lichtes, einfältiges Verständnis, daß dies Licht alle Menschen erleuchtet, die in diese Welt kommen, daß nicht die Juden oder jemand sich unterwinde, an irgend einem Ort selbst ein eigenes Licht aufzurichten. Und dieses Verständnis folgt wohl auf den vorigen Text. Denn ehe das Licht durch Johannes und das Evangelium bezeugt wird, so leuchtet's in die Finsternis und wird nicht begriffen. Aber nachdem es verkündigt und öffentlich bezeugt wird, so leuchtet es, so weit die Welt ist, über alle Menschen, ob's wohl nicht alle aufnehmen.

Jakob Lorber, Das große Evangelium Johannis, Band 1, Bietigheim 1967, Kapitel 2, Vers 5
Nicht der Zeuge, sondern sein Zeugnis und Der, von Dem er zeugte, waren das rechte Urlicht. Das vom Urbeginn an alle Menschen, die in diese Welt kommen, erleuchtet und belebt hat und nun noch stets mehr belebt und erleuchtet; darum heißt es denn auch im 9. Verse, daß eben Das das wahre und rechte Licht ist und war. Das alle Menschen in ihrem Urbeginne zum freien Dasein gestaltete und nun kam, um dasselbe in aller Fülle zu erleuchten und es Ihm Selbst wieder ähnlich zu machen.

Einschätzung
Luther verweist von den Heiligen auf das Licht Christi in der Welt, das die Gläubigen nur im Verborgenen sehen und in jener Welt unverborgen sehen werden. Lorber zufolge kam das Urlicht von Urbeginne an zu allen Menschen, um sie zu erleuchten und sie ihm selbst wieder ähnlich zu machen. Gemäß der Heiligen Schrift hatte allein Jesus eine Herrlichkeit beim Vater vor seinem Erdenleben. Durch Imitatio Christi können wir Jesus, unserem

---

[8] Tit. 2,11–15. Epistel bei der Messe in der Christnacht.

Herrn und Bruder, ähnlich werden, nicht aber Gott, dem Urlicht. In der Nachfolge Christi wird uns immer wieder bewusst, wie weit wir von einer Ähnlichkeit Christi entfernt sind. Allein der feste Glaube an die Barmherzigkeit Christi ermutigt, bringt Zuversicht und verhindert ein Verzagen.

Lutherbibel, Das Evangelium nach Johannes, Kapitel 1, Vers 10
Er war in der Welt, und die Welt ist durch ihn gemacht; aber die Welt erkannte ihn nicht.

Erwin Mülhaupt (Hrsg.), D Martin Luthers Evangelien-Auslegung, Vierter Teil: Das Johannes-Evangelium mit Ausnahme der Passionstexte, Göttingen 1961, Seite 35 [Weihnachtspostille 1522]
Das ist alles von Christo dem Menschen gesagt, und sonderlich nach seiner Taufe; da er anfing zu leuchten nach dem Zeugnis des Johannes, da war er ja mitten in der Welt, aber welcher Ort der Welt wußte das? Wer nahm sich seiner an? Ward er doch von denen nicht angenommen, da er persönlich war …

Jakob Lorber, Das große Evangelium Johannis, Band 1, Bietigheim 1967, Kapitel 2, Vers 6
Wiegestaltig Ich oder das Urlicht von dieser Welt, d. h. von den verfinsterten Menschen, die in allem ihrem Sein aus Mir oder, was Eines ist, aus dem Urlichte (Worte) hervorgegangen sind, habe verkannt werden können trotz all den Vorboten und Verkündern Meiner Ankunft, ist bereits schon im 5. Verse klar erörtert worden; nur ist noch ganz besonders zu erwähnen, daß hier unter „Welt" nicht die Erde als Trägerin gerichteter Seelen, die eigentlich die Materie ausmachen, sondern bloß nur die Menschen, die zwar wohl zu einem Teil aus dieser Materie genommen sind, aber als einmal freigestellte Wesen nicht mehr dieser urgerichteten Seelenmaterie angehören oder angehören dürfen, zu verstehen sind; denn welch eine Zumutung wäre das auch, so Ich von dem noch im tiefsten Gerichte liegenden Steine verlangte, daß er Mich erkennete!? Solches kann nur von einer freigewordenen Seele, die Meinen Geist in sich hat, voll rechtlich verlangt werden.

Einschätzung

Luther nimmt auf einen konkreten Zeitpunkt Bezug: Nach der Taufe Christi erkannten die Menschen Jesus nicht, obgleich er mitten in der Welt war. Trotz all der Vorboten und Verkünder, so Lorber, hätten die Menschen Christus nicht erkannt. Während die Lutherbibel die gottgemachte und gottgewollte Schöpfung betont, versteht Lorber die Erde nach gnostischem Vorbild als Trägerin gerichteter Seelen, urgerichtete Seelenmaterie.

Lutherbibel, Das Evangelium nach Johannes, Kapitel 1, Vers 11
Er kam in sein Eigentum; und die Seinen nahmen ihn nicht auf.

Erwin Mülhaupt (Hrsg.), D Martin Luthers Evangelien-Auslegung, Vier-
ter Teil: Das Johannes-Evangelium mit Ausnahme der Passionstexte, Göt-
tingen 1961, Seite 35–36 [Weihnachtspostille 1522]
Das ist auch gesagt von dem Kommen seiner Predigt, und nicht
von seiner Geburt. Denn sein Kommen heißt sein Predigen und
Leuchten. Wie der Täufer (Mt. 3,11; Lk. 3,16; Mk. 1,7; Joh. 1,27)
sagt: „Es wird einer nach mir kommen, dessen ich nicht würdig
bin, daß ich seine Schuhriemen auflöse." Und von dem Kommen
heißt auch St. Johannes sein Vorläufer. Wie Gabriel (Lk. 1,17)
sagt zu Zacharias, seinem Vater: „Er wird vor ihm hergehen und
ihm bereiten seinen Weg." Denn wie droben gesagt, die Evangelien heben von Christo an; nach seiner Taufe, da fing er an das
Licht zu sein und zu tun, warum er gekommen war. Also spricht
er nun: er sei zu seinem eigenen Volk mitten in der Welt gekommen, und sie haben ihn nicht angenommen. Wenn das nicht gesagt wäre von dem Kommen durch sein Predigen und Leuchten,
so strafte er sie nicht also, daß sie ihn nicht angenommen haben.
Wer konnte wissen, daß er's wäre, wenn er nicht geoffenbart
worden wäre? Drum ist das ihre Schuld, daß sie ihn nicht aufnahmen, ob er wohl kam und durch Johannes und sich selbst
offenbart ward. Darum spricht auch Johannes (1,31): „Auf daß er
offenbart würde in Israel, darum bin ich kommen und taufe im
Wasser." Und er selbst (5,43): „Ich bin kommen in meines Vaters
Namen, und ihr habt mich nicht aufgenommen. Ein anderer wird
kommen in seinem eigenen Namen, den werdet ihr aufnehmen."
Das ist auch klar von der Zukunft des Predigens und der Offenbarung gesagt.

Er nennt die Juden sein eigenes Volk, darum daß sie aus aller
Welt zu seinem Volk erwählt waren und er ihnen versprochen

war zu Abraham, Isaak, Jakob und David. Denn uns Heiden ist nichts versprochen (von Christo); darum sind wir nicht sein eigen genannt. Wir waren fremd und fern von Christo; aber nun (sind wir) aus lauter Gnaden aufgenommen und auch sein Volk geworden. Wiewohl wir leider auch ihn noch täglich lassen kommen durch sein Evangelium und verachten ihn. Darum müssen wir auch leiden, daß ein anderer an seiner Statt kommt, der Papst, und von uns genommen wird, daß wir dem bösen Feind dienen müssen, dieweil wir unserem Gott nicht dienen wollen.

Es ist aber hie nicht zu vergessen, daß der Evangelist Christi Gottheit zweimal anzeigt. Zum ersten, da er sagt: „Die Welt ist durch ihn gemacht." Zum andern, da er sagt: „Er ist gekommen zu den Seinen." Denn ein eigenes Volk zu haben, gehört zu einem wahren Gott. Das jüdische Volk war ja Gottes eigen Volk, wie die Schrift vielmal sagt; so sie denn Christi eigenes Volk sind, muß er gewißlich der Gott sein, dem die Schrift das Volk zueignet. Was aber eine Schmach und Schande ist's, daß die Welt ihren Schöpfer nicht erkennt, und das jüdische Volk seinen Gott nicht aufnimmt, läßt der Evangelist eines jeglichen Bedenken befohlen sein. Wie könnte man die Welt höher schelten, als daß sie ihren Schöpfer nicht erkennt? Was für bösere Untugenden und Namen folgen aus diesem einzigen Stück? Was kann das Gutes sein, da eitel Unwissen, Finsternis, Blindheit ist? Was für Böses sollte da nicht sein, da Gottes Erkenntnis nicht ist? O wehe, welch ein greuliches, erschreckliches Ding ist die Welt! Wer sie erkennte und dies Stück recht bedächte, der sollte umso mehr in der Hölle sein. Er könnte nicht fröhlich in diesem Leben sein, davon ein solch böser Titel geschrieben ist.

Jakob Lorber, Das große Evangelium Johannis, Band 1, Bietigheim 1967, Kapitel 2, Vers 7–8

Also nicht die Erde, wie vorerwähnt, sondern lediglich nur die Menschen ihrem seelisch-geistigen Wesen nach sind hier als das eigentliche Eigentum des Herrn anzusehen und zu betrachten und darum Eigentum, weil sie sogestaltig selbst Urlicht aus Meinem ewigen Urlichte sind und somit mit Meinem Urgrundwesen in Eines zusammenfallen.

Aber da sie in ebendiesem Wesen, das sich in ihnen als das Hoheitsgefühl ausspricht, geschwächt sind, welcher Schwäche halber Ich auch zu ihnen als in Mein Ureigentum kam und noch immer gleichwegs komme, so erkannten sie Mich nicht und somit auch nicht sich selbst und ihr höchsteigenes Urgrundsein, das da nimmer vernichtet werden kann, weil es im Grunde des Grunde Mein Wesen ist.

Einschätzung

Luther beschreibt, dass das jüdische Volk die Gottheit Christi trotz dessen Predigten nicht aufgenommen habe, und verurteilt dies. Lorber betont, dass die Menschen ihrem seelisch-geistigen Wesen nach selbst Urlicht aus „[S]einem ewigen Urlichte" seien. Sie hätten Christus wegen ihres geschwächten Hoheitsgefühls nicht erkannt. Losgelöst von der Historie geht es nicht um die Ankunft Christi, sondern darum, dass der Mensch – Urlicht aus seinem Urlichte – nimmer vernichtet werden kann.

Lutherbibel, Das Evangelium nach Johannes, Kapitel 1, Vers 12
Wie viele ihn aber aufnahmen, denen gab er Macht, Gottes Kinder zu werden, denen, die an seinen Namen glauben.

Erwin Mülhaupt (Hrsg.), D Martin Luthers Evangelien-Auslegung, Vierter Teil: Das Johannes-Evangelium mit Ausnahme der Passionstexte, Göttingen 1961, Seite 36–37 [Weihnachtspostille 1522]
Nun sehen wir ja, was für ein Licht es ist, von dem er bisher geredet hat. Es ist ja Christus, das tröstliche Gnadenlicht, und nicht das natürliche Licht oder Vernunft. Denn Johannes ist ein Evangelist, nicht ein Platonist. Alle, die das natürliche Licht oder Vernunft empfangen, die nehmen ihn ja auf nach demselben Licht, wie sollten sie es sonst empfangen? Gleichwie sie das natürliche Leben von dem göttlichen Leben empfangen. Aber dennoch gibt ihnen dasselbe Licht und Leben nicht Macht, Kinder Gottes zu werden. Ja, sie bleiben dieses Lichtes Feinde, kennen es nicht und nehmen es nicht auf. Darum kann nichts von dem natürlichen Licht in diesem Evangelium geredet sein, sondern alles nur von Christo, auf die Meinung, daß er als wahrer Gott erkannt werde.

Nun ist hinfort das Evangelium wohl bekannt. Denn es sagt vom Glauben an Christi Namen, daß derselbe Gottes Kinder mache. Das sind treffliche Worte und streiten gewaltig wider die Werkmeister und Gesetzeslehrer. Gute Werke machen nimmermehr die Person anders. Darum, ob die Werkheiligen wohl ihre Werke wandeln und bessern wie sie meinen, so bleiben sie doch in der Person wie vorhin, und werden ihre Werke nur Schanddeckel und Heuchelei. Aber der Glaube wandelt die Person und macht ein Kind aus dem Feinde, so heimlich, daß auch die äußerlichen Werke, Stände und Wandel bleiben, wo es nicht von Natur böse Werke sind, wie oft gesagt ist. Darum bringt der Glaube mit sich das ganze Erbe und Hauptgut der Gerechtigkeit und Seligkeit, daß man derselben keines braucht durch die Werke zu suchen, wie die falschen Werklehrer uns narren. Denn wenn etwas Gottes Kind ist, das hat auch Gottes Erbe schon zuvor aus derselben Kindschaft; wem denn der Glaube solche Kindschaft gibt, ist's ja klar, daß die guten Werke sollten frei umsonst geschehen, allein Gott zu Ehren, als von denen, die schon die Seligkeit und das Erbe Gottes durch den Glauben haben, wie droben in der anderen Epistel genugsam gesagt ist.[9]

Jakob Lorber, Das große Evangelium Johannis, Band 1, Bietigheim 1967, Kapitel 2, Vers 9–11

Es versteht sich aber so gut wie von selbst, daß bei allen jenen, die Mich nicht aufnahmen oder erkannten, die Urordnung gestört blieb und mit dieser Störung ein leidender Zustand, das sogenannte ‚Übel' oder die ‚Sünde' blieb; wogegen bei vielen andern aber, die Mich aufnahmen, d. h. die Mich in ihren Herzen erkannten, sich dieses Übel notwendig verlieren mußte, da sie wieder mit Mir als mit der Urordnung und Urmacht alles Seins vereint wurden, sich darinnen selbst und Mein Urlicht als das gestellte ihrige in ihnen und in diesem das ewige, unvertilgbare Leben fanden.

In solchem Leben aber fanden sie auch, daß sie dadurch notwendig nicht nur Meine Geschöpfe, was sich aus ihrem niederen Lebensgefühle nur herausstellt, sondern, weil sie Mein Selbst in sich bergen, was nur durch Meine Willensmacht aus Mir frei hinausgestellt ward, unfehlbar Meine höchsteigenen Kinder sind, da ihr Licht (ihr Glaube) gleich ist Meinem höchsteigenen Urlichte und daher in sich selbst die volle Macht und Kraft hat, die in Mir Selbst ist, und aus solcher Macht heraus auch das vollste Recht, Mein Kind nicht nur zu heißen, sondern auch in aller Fülle zu sein!

---

[9]   Tit. 3,4–7. Epistel in der Früh-Christmesse.

Denn der Glaube ist eben ein solches Licht, und Mein Name, an den die mächtigen Strahlen dieses Lichtes gerichtet sind, ist die Kraft und die Macht und das eigentliche Wesen Meines Urseins, durch die jeder in sich selbst die vollrechtliche und vollgläubige und vollgültige Kindschaft Gottes bewerkstelligt. Darum heißt es denn auch im 12. Verse, daß alle, die mich aufnahmen und an Meinen Namen glauben werden, sage – die Macht in sich haben sollen, vollrechtlich ‚Kinder Gottes‘ zu heißen!

Einschätzung

Durch die gläubige Aufnahme des Gnadenlichtes Christi erben die Menschen als Kinder Gottes Gerechtigkeit und Seligkeit und tun gute Werke frei zur Ehre Gottes, so besagt die lutherische Auslegung. Lorber zufolge finden wir durch Christi Aufnahme sein Urlicht in uns als unvertilgbares Leben und jeder selbst vollzieht im Glauben die vollgültige Kindschaft Gottes. Nach reformatorischem Verständnis empfangen wir bei der Taufe den Heiligen Geist und kommen nicht durch die Vereinigung mit dem Urlicht in uns wieder in die Urordnung zurück.

Lutherbibel, Das Evangelium nach Johannes, Kapitel 1, Vers 13
Die nicht aus dem Blut noch aus dem Willen des Fleisches noch aus dem Willen eines Mannes, sondern von Gott geboren sind.

Erwin Mülhaupt (Hrsg.), D Martin Luthers Evangelien-Auslegung, Vierter Teil: Das Johannes-Evangelium mit Ausnahme der Passionstexte, Göttingen 1961, Seite 37–40 [Weihnachtspostille 1522]
Das redet er, sich selbst zu erklären, was der Glaube wirkt, und wie gar alles nichts nütze ist, was außer dem Glauben ist. Hie legt er ja mit Gewalt nieder die Natur, Licht, Vernunft und was nicht Glauben ist, geschweige, daß ers preisen wollte. Es ist die Kindschaft viel zu hoch und zu edel, daß sie aus der Natur kommen oder gefordert werden sollte. Er zählet viererlei Kindschaft: eine aus dem Geblüte, die andere aus dem Willen eines Mannes, die vierte aus Gott. Die erste Kindschaft aus dem Geblüte ist leichtlich zu verstehen, daß es die natürliche Kindschaft ist, damit er den Juden begegnet, die sich rühmen Abrahams und der Patriarchen Geblüte, und werfen auf die Sprüche der Schrift, darinnen Gott Abrahams Samen die Benedeiung und das Erbe der Seligkeit versprochen hat. Daher wollen sie allein das rechte Volk und Kinder Gottes sein. Aber hie spricht er: es muß mehr als das Geblüte da sein, sonst ist keine Kindschaft Gottes da. Denn auch Abraham und die Patriarchen selbst haben nicht um des Geblütes willen, sondern um des Glaubens willen das Erbe besessen, wie Paulus Ebräer 11 (11,8 ff.) lehrt. Und wenn die natürliche Blutsippschaft genug wäre zu dieser Kindschaft, so hätte billig Judas, der Verräter, Kaiphas, Anna und alle bösen Juden, die vorzeiten in der Wüste verdammt sind, alles Recht zu diesem Erbe. Denn sie sind alle vom Geblüte der Patriarchen gewesen. Darum heißt es nicht: die aus dem Geblüte, sondern aus Gott geboren sind. […]

Die göttliche Geburt ist nun nichts anderes denn der Glaube. Wie geht das zu? Droben ist gesagt, wie das Gnadenlicht streite und blende das natürliche Licht der Vernunft. Wenn dann nun das Evangelium kommt und der Gnaden Licht bezeugt, daß der Mensch nicht tun oder leben darf nach seinem Dünkel, sondern sein natürliches Licht verworfen, getötet und abgetan sein muß, wenn der Mensch solches Zeugnis annimmt und (ihm) folgt, sein Licht und (seinen) Dünkel übergibt, gerne (ein) Narr sein und sich führen, lehren und erleuchten lassen will, siehe, so wird er in seinem Hauptstück, das ist, in seinem natürlichen Licht verändert; da geht aus sein altes Licht und geht ein ein neues Licht, der Glaube; demselben folgt er durch Sterben und Leben, hangt nur an dem Zeugnis Johannis oder des Evangeliums und sollte er alles darüber lassen, was er hat und vermag. Siehe, so ist er neugeboren aus Gott durch das Evangelium, in welchem er bleibt, und lässet sein Licht und seinen Dünkel fahren. Wie St. Paulus 1. Korinther (4,15) sagt: „Ich habe euch in Christo durchs Evangelium geboren." Und Jakobus (1,18): „Er hat uns aus gnädigem Willen geboren durch das Wort der Wahrheit, auf das wir ein Anfang wären seiner Kreatur." Daher nennt uns St. Petrus neu geborene Kinder Gottes (1. Petr. 2,2). Desgleichen wird das Evangelium Gottes Schoß genannt, daß er darinnen uns empfängt, trägt und gebiert, wie ein Weib ein Kind in ihrem Schoß empfängt, trägt und gebiert. Jesaja 46,1: „Höret mich, ihr übriges armes Häuflein, die ich trage in meinem Leibe" usw. Aber diese Geburt erzeigt sich recht, wenn die Anfechtung und der Tod hergeht; da empfindet man, wer da neu oder alt geboren sei, da ringet und windet (sich) die Vernunft, das alte Licht, und läßt nicht gerne, was sie dünkt und will, mag sich nicht getrost auf das Evangelium verlassen und begeben und ihr Licht fahren lassen. Welche aber neu geboren sind oder daselbst neu geboren werden, die fahren und folgen, lassen fahren Licht, Leben, Gut, Ehre und was sie haben, trauen und haften an dem Zeugnis Johannis. Darum kommen sie auch zum ewigen Erbe als die rechten Kinder. […]

Jakob Lorber, Das große Evangelium Johannis, Band 1, Bietigheim 1967, Kapitel 2, Vers 12–16
Dieser Vers ist nichts als eine nähere Bestimmung und Erläuterung des früheren Verses, und es könnten in einer mehr verbundenen Sprache die beiden Verse nebeneinander also auch lauten: Die Ihn aber aufnahmen und an Seinen Namen glaubten, denen gab Er die Macht, „Kinder Gottes" zu heißen, die nicht von dem Geblüte, noch vom Willen des Fleisches (Begierde des Fleisches), und von dem Willen eines Mannes, sondern von Gott geboren sind.

Es versteht sich aber schon von selbst, daß hier nicht von einer ersten Geburt als Fleisch aus dem Fleische, sondern lediglich nur von einer zweiten Geburt aus dem Geiste der Liebe zu Gott und aus der Wahrheit des lebendigen Glaubens an den lebendigen Namen Gottes, der da heißet **Jesus-Jehova-Zebaoth**, die Rede sein kann, welch zweite Geburt auch gut definiert „die Wiedergeburt des Geistes durch die Taufe aus den Himmeln" heißet.

Die „Taufe aus den Himmeln" aber ist der volle Übergang des Geistes und der Seele samt allen ihren Begierden in den lebendigen Geist der Liebe zu Gott und der Liebe in Gott Selbst.

Ist solcher Übergang einmal aus des Menschen freiestem Willen geschehen und befindet sich nun alle Liebe des Menschen in Gott, so befindet sich durch solche heilige Liebe auch der ganze Mensch in Gott und wird allda zu einem neuen Wesen ausgezeitigt, gekräftet und gestärkt und also nach Erlangung der gerechten Vollreife von Gott wiedergeboren; nach solcher zweiten Geburt, der weder des Fleisches Begierde, noch des Mannes Zeugungswille vorangeht, ist der Mensch erst ein wahres Gotteskind, das er geworden ist durch die Gnade, die da ist eine freie Macht der Gottesliebe im Herzen des Menschen.

Diese Gnade aber ist auch eben der mächtige Zug Gottes im Geiste des Menschen, durch den er, als vom Vater gezogen zum Sohne, das heißt zum göttlichen Urlichte, oder, was Eines ist, zu der rechten und lebendig mächtigen Weisheit Gottes gelangt.

Einschätzung

Nach Luthers Auslegung können wir uns auf nichts verlassen als auf die göttliche Geburt – unseren Glaube an Christus –, um Gottes Kinder zu werden. Lorber erklärt, dass die zweite Geburt aus dem Geist der Liebe zu Gott und dem lebendigen Glauben an den lebendigen Namen Gottes („Jesus-Jehova-Zebaoth") uns die Kraft gibt, Gottes Kinder zu heißen. Dies geht über die Lehre Christi sowie das Neue Testament hinaus, denn es ist uns kein anderer Name gegeben worden als Jesus Christus von Nazareth. Wenn die wahre Gotteskindschaft geknüpft ist an den lebendigen Namen Gottes, der sich sehr fragwürdig zusammensetzt, dann muss hier die gesamte Christenheit irren.

Lutherbibel, Das Evangelium nach Johannes, Kapitel 1, Vers 14
Und das Wort ward Fleisch und wohnte unter uns, und wir sahen seine Herrlichkeit, eine Herrlichkeit als des eingeborenen Sohnes vom Vater, voller Gnade und Wahrheit.

Erwin Mülhaupt (Hrsg.), D Martin Luthers Evangelien-Auslegung, Vierter Teil: Das Johannes-Evangelium mit Ausnahme der Passionstexte, Göttingen 1961, Seite 50–56 [Weihnachtspostille 1522]
Weiter spricht er: „Und wir haben seine Ehre gesehen", das ist: seine Gottheit in seinen Wunderzeichen und Lehren. Das Wörtlein „Ehre" haben wir droben in der Epistel auch gehört, da er sagt von Christo: „Er ist ein Schein seiner Ehren" (Hebr. 1,3), und nennet die Gottheit also. Wenn ich aber auf recht Deutsch sagen sollte, spräche ich, daß dieselbe Ehre, die auf Hebräisch: Sabod, auf Griechisch: Dora, und auf Lateinisch: Gloria heißt, auf Deutsch hieße: Herrlichkeit. Denn also sagen wir von einem Herrn oder großen Manne: er hab's herrlich ausgerichtet und (es) sei mit großer Herrlichkeit zugegangen, wenn es köstlich, reichlich und doch tapfer zugegangen ist. Also, daß Herrlichkeit nicht allein ein großes Geschrei heißt oder weitreichende Ehre; sondern auch die Dinge, davon solcher Ruhm gerühmet wird, als da sind köstliche Häuser, Gefäße, Kleider, Speise, Gesinde und desgleichen. Wie Christus von Salomon sagt (Mt. 6,28.29): „Sehet wie die Lilien wachsen. Ich sage euch, daß Salomon in aller seiner Glorien, das ist: in all seiner Herrlichkeit, nicht also ist bekleidet gewesen, als eines aus denen." Da nennet er ja die Gloria gewißlich die Herrlichkeit. Also auch Esther (1,4): „Der König Asverus machte ein großes Mahl, daß er bewiese den Reichtum der Herrlichkeit seines Königreichs." Also können wir das droben in der Epistel also verdeutschen: er ist ein Schein seiner Herrlichkeit. Also sagen wir auf Deutsch: das ist ein herrliches Ding, ein herrliches Wesen, gloriosa res, eine herrliche Tat. Das will auch hie der

Evangelist: „Wir haben gesehen seine Herrlichkeit", sein herrliches Wesen und Tat, die nicht eine schlichte, gemeine Herrlichkeit gewesen ist, sondern:

„Eine Herrlichkeit als des eingeborenen Sohns von dem Vater." Hie drückt er aus, wer das Wort sei, davon er und Moses bisher geredet, nämlich der einige Sohn Gottes, der alle die Herrlichkeit hat, die der Vater hat; darum nennet er ihn den einigen, eingebornen, daß er ihn sondere über alle Gotteskinder, die nicht natürliche Kinder sind, wie dieser einzige. Und damit ist aber seine wahre Gottheit angezeigt; denn wenn er nicht Gott wäre, könnte er nicht vor den andern der eingeborene Sohn heißen, welches da so viel gesagt ist: er und keiner mehr ist Gottes Sohn, was nicht gesagt werden kann von den heiligen Engeln und Menschen; denn ihrer keiner ist allein Gottes Sohn, sondern sie sind alle Brüder und gleichgeschaffene Kreaturen, erwählte Kinder aus Gnaden, nicht geboren aus Natur. Das Sehen aber muß man nicht allein auf das leibliche Gesicht ziehen; denn die Juden sahen auch seine Herrlichkeit und hieltens doch nicht für Herrlichkeit als des eingebornen Sohnes Gottes, sondern daß die Gläubigen das gesehen haben und mit dem Herzen geglaubt. Die Ungläubigen, bei denen ihre Augen sehen auf die weltliche Herrlichkeit, haben diese göttliche Herrlichkeit nicht geachtet. Sie leiden sich auch nicht bei einander; wer herrlich sein will vor der Welt, muß schändlich sein vor Gott. Wiederum wer schändlich ist vor der Welt, um Gottes willen, der ist herrlich vor Gott. […]

Jakob Lorber, Das große Evangelium Johannis, Band 1, Bietigheim 1967, Kapitel 3, Vers 1
Wenn der Mensch alsogestaltig durch die Wiedergeburt zur wahren Kindschaft Gottes gelangt, in die er von Gott, dem Vater, oder von der Liebe in Gott förmlich eingeboren wird, so gelangt er zur Herrlichkeit des Urlichtes in Gott, das da eigentlich das

göttliche Urgrundsein Selbst ist; dieses Sein ist der eigentliche, eingeborene Sohn des Vaters also, wie das Licht in der Wärme der Liebe inwendig verborgen ruht, solange die Liebe es nicht erregt und aus sich hinausstrahlen läßt. Dieses heilige Licht ist sonach aber auch die eigentliche Herrlichkeit des Sohnes vom Vater, zu der jeder Wiedergeborene gelangt und allda selbst gleich wird dieser Herrlichkeit, die da ist ewig voll Gnade (Gottes Licht) und voll Wahrheit, die da ist die wahre Wirklichkeit oder das Fleisch gewordene Wort. – –

Einschätzung
Luther stellt die wahre Gottheit des eingeborenen Sohnes den heiligen Engeln, Menschen und Gotteskindern gegenüber. Die Herrlichkeit (lat. Gloria) der wahren Gottheit hätten jedoch nur die Gläubigen gesehen und mit dem Herzen geglaubt. Lorber liefert folgende Erklärung: Wenn der Mensch durch die Wiedergeburt zur wahren Kindschaft Gottes gelangt, so gelangt er zur Herrlichkeit des Urlichtes in Gott, dessen Sein der eigentliche eingeborene Sohn des Vaters ist. Der innere Textsinn geht hier mit einer Aufhebung der Schrift einher: Christologische Aussagen werden derartig durcheinandergeworfen, dass es keinen Unterschied mehr zwischen dem eingeborenen Sohn und dem Wiedergeborenen zu geben scheint.

Lutherbibel, Das Evangelium nach Johannes, Kapitel 1, Vers 19–28

Und dies ist das Zeugnis des Johannes, als die Juden zu ihm sandten Priester und Leviten von Jerusalem, dass sie ihn fragten: Wer bist du? Und er bekannte und leugnete nicht, und er bekannte: Ich bin nicht der Christus. Und sie fragten ihn: Was dann? Bist du Elia? Er sprach: Ich bin's nicht. Bist du der Prophet? Und er antwortete: Nein. Da sprachen sie zu ihm: Wer bist du dann?, dass wir Antwort geben denen, die uns gesandt haben. Was sagst du von dir selbst? Er sprach: „Ich bin eine Stimme eines Predigers in der Wüste: Ebnet den Weg des Herrn!", wie der Prophet Jesaja gesagt hat (Jesaja 40,3).

Und sie waren von den Pharisäern abgesandt und sie fragten ihn und sprachen zu ihm: Warum taufst du denn, wenn du nicht der Christus bist noch Elia noch der Prophet? Johannes antwortete ihnen und sprach: Ich taufe mit Wasser; aber er ist mitten unter euch getreten, den ihr nicht kennt. Der wird nach mir kommen, und ich bin nicht wert, dass ich seine Schuhriemen löse. Dies geschah in Betanien jenseits des Jordans, wo Johannes taufte.

Erwin Mülhaupt (Hrsg.), D Martin Luthers Evangelien-Auslegung, Vierter Teil: Das Johannes-Evangelium mit Ausnahme der Passionstexte, Göttingen 1961, Seite 68–75 (Auszug) [Predigt am 4. Adventssonntag 19.12.1529]

„Bist du Christus?" Der Evangelist rühmt den Täufer mit vielen Worten und (wahrlich) nicht ohne Grund, lobt ihn, daß er fest gestanden und die Wahrheit nicht verleugnet, sondern sie bekannt habe. Denn es ist höchste Kunst, daß man nicht verleugnet, sondern bekennt, weil uns die natürliche Plage angeboren ist, daß jedermann Christus sein will. Aber der Christen Weisheit ist es, daß sie sich verleugnen und Christum bekennen: was sind wir für elende Mönche und Pfaffen und wie elend seid ihr mitsamt euren Rosenkränzen! Da sagt einer: ich führe ein heiliges Ordensleben; dadurch werde ich selig werden, und du wirst's (auch), wenn du etwas dazu gegeben hast. Das heißt doch: ich bin Christus, der allein helfen kann. So haben wir sein wollen. Ja wir haben immer noch ein gutes Stück davon, daß wir Christus sein wollen, das heißt einer, der mir helfen könnte und anderen. So steht's bei allen Mönchen: wir leben in einem heiligen Orden und helfen den anderen. So verleugnen sie Christum und bekennen ihn nicht, sondern heißen sich selber Christus, obschon sie nicht sagen, sie seien Christus von Person. Das wissen sie freilich, daß sie nicht in Bethlehem geboren sind. Der Person nach sind sie nicht Christus, aber seinem Amt und Werke nach sind sie es, d. h. ein Heiland; sie wollen von Sünden helfen durch ihre Werke. Der Täufer tut das Gegenteil. Darum rühmt ihn Johannes sehr, daß er nicht hat Christus sein und keinen Menschen an sich hat ziehen wollen. Ich will auf mir nicht stehen und auch ihr sollt's nicht tun. Sondern er weist auf Christum und will damit sagen: Ich will mich des Mannes nicht schämen, obschon er nicht mit dem Fell eines Kamels bekleidet einhergeht.

Das ist darum geschrieben, auf daß alle, die wahre Christen sein wollen, auf's beste die Kunst lernen, daß sie nicht Christus sind. Denn jedermann ist so sehr vergiftet, daß es ihm angeboren ist, daß er ein Christus sein will, und ist aufs höchste not, daß er den Unflat aus dem Herzen reiße, daß er nicht Christus sei und daß auch wir das nicht (sein) können, solange wir auf Erden leben. Und so ist die ganze Welt abgöttisch und gottlos. So trauen der Kaiser und die Fürsten auf ihre Macht, sonst wären sie nicht so stolz. Da ist nichts in ihrem Herzen als ein falscher Christus, einer, den sie an sich gerissen haben und den sie selbst anrichten, dem sie trauen sollen, während sie (in Wahrheit) doch nur sich selber trauen.

Diese Weisheit lernt man nicht auf eine Predigt hin und in einem Jahr. Ich will von denen schweigen, die einmal davon gehört haben, und rede von denen, die täglich damit umgehen. Johannes hät's mit der Tat bewiesen. Darum ist bei ihm eine solche Wut, daß er sagt, als sie ihn weiterhin fragen: „Ich bin eine Stimme." Sie trotzen: „Was bist du denn?", wie wenn sie ihn aufs Maul schlagen wollten. Da zeigt sich nun ihre Demut, die sie zuvor an den Tag gelegt haben, ohne Hülle. Er aber läßt sie trotzen, fragt nichts darnach, wo sie her sind und wer sie sind; weil er es wohl besser weiß und größer ist als sie; das will sagen: auch wenn ihr Engel wäret vom Himmel, was frage ich darnach? „Ich bin eine Stimme eines Rufenden." So tut ein reines, frommes Herz. Wären wir Christen und glaubten von Herzen und ließen Christum (wirklich) Christum sein und wären (wirklich) Christen, was machte es uns dann aus, wenn der Türke da wäre mit seiner ganzen Macht und wir hätten gar keine Macht? Ich bekümmere mich nicht im geringsten darum, wer ihr seid und wer euer Herr ist. Ich will euch sagen, wer ich bin, spricht Johannes. Denn wir sollten darum wissen. Soll's sein, daß ihr mich köpft, so mags wohl geschehen. Soll's nicht sein, so will ich den Teufel mit einem Vaterunser verjagen. Also ging's mir wie Johannes. Seid, wer ihr seid! Soll's nicht sein, daß ich soll gemartert werden, so wär's um ein Vaterunser zu tun und es wäre dann aus mit jenen Widersachern.

So sagt also Johannes, er sei nicht ein Prophet, nicht Elias, nicht Christus, sondern ein schlichter Prediger. Ich weiß mich nicht sonderlich zu rühmen, denn daß ich predigen soll; bin einer, der hin und her in der Wüste predigen soll, soll in dem ganzen Land umherziehen und predigen. Ich bin schon vor langem von Jesaia angezeigt. Was predigt er denn? Da ist kein Verlangen nach dem, was er predigt. Er selber zeigt's ihnen gutwillig an, nämlich: Jesaias hat mir's in's Maul gelegt: „Richtet den Weg des Herrn!" Auch er hat vom Advent gepredigt. Hätten sie diese Predigt verstanden, sie hätten ihn zur selbigen Stunde erschlagen. Denn eine solche Predigt darf man nicht leiden; nur Ketzer predigen so und keine schändlichere Predigt ist (auf)gekommen. So soll kein heiliger Mann predigen, ja alle sollen sich dawider setzen. Wer kann denn das ertragen? „Richtet den Weg des Herrn!" Das heißt doch: Bisher habt ihr den Weg noch nicht bereitet, auch ist der Herr noch nicht zu euch gekommen. Soll der Herr bei denen (wirklich) nicht sein? Wo sie doch seine Brüder und Mütter sind? Wenn sie aber den Herrn noch nicht haben: dann ist's also der Teufel, den sie haben, und sie sind voll von Sünde, Tod und Hölle, nichts Gutes ist an ihnen, keine Gerechtigkeit? Das heißt mit Stiefel und Sporen hereingegangen wie die Bauern; denn das verdammt ja das ganze Leben, daß es nichts sei. Und Johannes sagt, es seien auch etliche Pharisäer dabei gewesen.

Also das will die Predigt des Johannes, daß wir lernen, daß alle unsere Wege nichtig sind. Das mögen wir nicht leiden, weil wir gerne unseren eigenen Weg haben wollten. Ich habe doch niemand bestohlen, habe ein jungfräuliches Leben geführt und bin ein Priester usw. Soll denn das alles nichts sein? Ja gewiß, es ist nichts. Der Pharisäer hatte ja auch gefastet. Des Herrn Weg ist es nicht, den ihr damit bereitet habt, sondern nur euer eigener. Ihr führt ein schönes, ehrbares Leben, aber es ist euer Weg. Im schönsten Ansehen geht ihr einher. Aber Johannes sagt nicht: macht euren (eigenen) Weg gut und bringt euren (Ordens)stand in Ordnung, sondern bereitet euch so, daß der Herr in euch seinen Weg haben möge. So hat Jesaia zuvor über mich geweissagt, aber sie haben's nicht begriffen. Das ist der Christen Weisheit, daß Christus möge (in ihnen) Raum haben, daß sie auf keine Kreatur trauen. Macht und Weisheit soll man äußerlich gebrauchen, aber das Herz soll nicht sein Vertrauen darauf setzen. Aber sobald (jene Gaben) vorhanden sind, dann trauen wir auf sie. Darum schreibe jedermann in sein Buch: „Richtet den Weg des Herrn!" Laß Christum Recht und Raum bei dir haben. Das muß man allen predigen. Genug damit, daß ihr eueren Wegen Raum gegeben habt. Daß man äußerlich seine Wege führe, (das mag wohl geschehen); aber im Herzen soll Christus allein leben und wandeln. Das geschieht, wenn mein Herz ihm in allen Nöten traut, daß er mein Trost sei. Dann hat er seine Wege in uns. Das ist der rechte Advent. Nicht daß wir Christum so annehmen, wie wir's einst mit dem Rorate[10] getan haben. […]

Jakob Lorber, Das große Evangelium Johannis, Band 1, Bietigheim 1967, Kapitel 5, Vers 1–20
Dieser Vers stellt eine pure äußere Tatsache dar und hat daher keinen inneren Sinn; nur das läßt sich aus dieser Mission leicht entnehmen, daß das Hoheitsgefühl der Juden in dieser Zeit schon zu ahnen begann, daß das Urlicht oder das Urleben Gottes sich den Erdenmenschen zu nahen beginne und schon auf der Erde sein müsse, und es mutmaßte, daß dieses Urleben alles Lebens sich in dem Johannes befinde und er etwa der verheißene Messias sei.

Darum sandten sie denn auch, aus obbesprochener Ahnung mehr als durch den Predigerruf Johannis genötigt, Auskundschafter zu ihm, auf daß sie ihn fragten, wer er sei, ob Christus, ob Elias, oder ob ein anderer Prophet.

Der Grund aber, warum sie den Johannes auch fragten, ob er entweder Elias oder ein anderer neuer Prophet sei, lag darin, weil es in ihren prophetischen Schriften hieß, Elias werde vor dem verheißenen Messias kommen und ganz Israel auf die große Ankunft des Messias vorbereiten! – Also sollten in solcher Zeit auch noch andere Propheten erstehen, die gleichfalls auch als Herolde dem Messias vorangehen werden. Solches also wußten die der

---

[10] So heißt nach dem Anfang ihres Introitus die während der Adventszeit in früher Morgenstunde gefeierte „Motivmesse von der allerseligsten Jungfrau". […]

Schrift kundigen Abgesandten aus Jerusalem und fragten Johannes also; dieser aber bekannte, daß er das alles nicht sei.

Und so mußten sie ihn denn natürlich weiter fragen, wer er alsonach denn wäre.

Worauf Johannes dann erst bekannte, daß er bloß ein Rufer in der Wüste sei und bereite – nach Jesajas Vorhersage – dem Herrn den Weg!

Man kann hier ganz füglich fragen, warum Johannes solches tue in der Wüste, von der man doch voraussetzen kann, daß in ihr sicher sehr wenig Menschen wohnen werden; daß es demnach wohl angezeigter wäre, an solchen Orten einen derartigen Vorläufer zu machen, die reichlich von Menschen bewohnt sind. Was kann in der toten Wüste ein solches, wenn auch noch so kräftiges Rufen nützen, wo des Rufes Schall lange eher verhallt, als bis er an irgend ein Ohr gelangt? Und gelangt er auch zufälligerweise an irgend ein Menschenohr, so genügt das ja doch lange nicht bei einer Sache, die für alle Menschen doch von der allerwichtigsten Art ist!

Auf diese vorleitende Frage sei das gesagt, daß da unter dem Ausdrucke ‚Wüste' nicht so sehr die kleine Wüste von Bethabara, jenseits des Jordans gelegen, zu verstehen sei, als vielmehr die geistige Wüste in den Herzen der Menschen. Die Wüste von Bethabara, allwo Johannes wirklich lebte, predigte und taufte, war daher nur darum gewählt worden, auf daß sie ein Vorbild dem Menschen wäre, wie es aussähe in seinem Herzen, nämlich ebenso öde, leer, ohne edle Früchte, nur voll Dornen und Disteln, allerlei Unkrautes und voll Nattern und anderen schmeißlichen Gewürms; und in solch einer Wüste der Menschen tritt Johannes wie ein erwachtes Gewissen, das er in rein geistiger Beziehung auch vorstellt, auf und predigt Buße zur Vergebung der Sünden und bereitet also dem Herrn den Weg zu den Herzen ganz wüste gewordener Menschen.

Es bleibt hier nur noch die Frage übrig, warum sich Johannes nicht als Elias oder als ein Prophet bekannte, da er sowohl das eine wie sicher auch das andere nach Meinem höchst eigenen Zeugnisse war, denn Ich Selbst habe es ja bei einer wohl schicklichen Gelegenheit den Aposteln wie auch andern Anhörern Meiner Lehre gerade heraus gesagt: Johannes war der Elias, der vor Mir kommen sollte, so ihr es annehmen wollt.

Der Grund solch einer Negation (Leugnung; d. Hsg.) liegt darin, daß Johannes sich hier nur nach der tätigen neuen Bestimmung und nicht nach der alten, so seinem Geiste im Elias gegeben ward zu seiner Erdzeit, benennet. Elias mußte strafen und zerstören den Moloch; Johannes aber rufen zur rechten Buße, erteilen der Sünde Vergebung durch die Wassertaufe und also Mir den Weg bereiten. Und nach solcher Tätigkeit gab er sich denn auch nur als das aus, was er nun der Tat nach war.

Da er aber dennoch taufte, was sonst nur den Priestern und den erwiesen dazu berufenen Propheten gestattet war, so fragten ihn die von den eifersüchtigen Pharisäern abgesandten Priester und Leviten, warum er denn hernach die Menschen taufe, da Er weder das eine noch das andere sei.

Johannes aber sagt: „Ich taufe nur mit Wasser, d. h. ich wasche nur und bin ein Wäscher unrein gewordener Herzen zum würdigen Empfange des Einen, Der gewisserart schon lange in euerer Mitte sich aufhält, Den ihr aber eurer Blindheit wegen nicht erkennet!"

Hier werden auch alle jene Mich, den Herrn, äußerlich wo Suchenden durch diese Forscher dargestellt, die Länder und Meere durchziehen und da alle Weisen fragen: „Wo ist Christus, wann und wo kommt Er?" – Den wahren, Der inmitten ihrer Herzen eine Wohnstätte für Sich erbaute, und Der nur da zu finden ist, (O – solcher Irrsucher!) Den suchen sie nicht, wenigstens dort nicht, wo Er einzig und allein zu suchen und zu finden ist!

Wie sehr doch gibt Johannes ein allerdemutsvollstes Zeugnis vor den Priestern und Leviten, da er es wohl weiß, Wer in Christo die Erde betreten hat; aber was kümmert dies das hochweltweise Priestertum! Das allerwahrste Zeugnis des Johannes ließ sie unangefochten; denn sie wollten keinen demutsvollen, armen und glanzlosen Messias, sondern einen solchen, vor dem sogleich alles vor Furcht und Schreck hätte zusammenfahren sollen!

Der Messias hätte gleich beim ersten Erscheinen – natürlich nirgends anders als in Jerusalem – und geradenwegs sichtbarlich mit mehr denn Sonnenglanz feurig strahlend, von Myriaden Engeln begleitet vom Himmel herabkommend und nur im Tempel Wohnung nehmend, alle damaligen Potentaten aufheben und vernichten sollen, – und hätte darauf die Juden auch sogleich völlig unsterblich machen, ihnen alles Geld der Erde verschaffen, wenigstens etliche Hunderte von überflüssig scheinenden Bergen mit starkem Gekrache ins Meer schleudern und dabei aber auch das arme schmutzige Gesindel sogleich hinrichten sollen! Dann hätten sie an Ihn geglaubt und auch gesagt: „Herr, Du bist gar entsetzlich stark und mächtig, alles muß sich vor Dir tiefst beugen und in den Staub werfen, und der Hohepriester ist nicht würdig, Dir die Schuhriemen zu lösen."

Aber Christus kam ganz arm, klein und anscheinend schwach zur Erde, gab nahe volle 30 Jahre (außer bis zu Seinem zwölften; d. Hsg.) kein Zeichen vor den Augen der Großen von Sich, sondern arbeitete schwere Arbeiten, war samt Josef ein Zimmermann und gab Sich nachher auch noch mit dem gemeinen Proletariate ab; wie konnte in den Augen der stolzen und hochweisen Juden das der so lange erwartete Messias sein? „Weg mit solch einem Gotteslästerer, mit solch einem Magier, der seine Taten nur mit der Hilfe des Obersten der Teufel ausführt! Solch ein allergemeinster, übers Eichenholz grober und roher Zimmermannsgeselle, der irgendwo mit der Satanshilfe zaubern gelernt hat, barfuß einhergeht und des allerhundsgemeinsten Gesindels Freund ist, mit ihm herumgeht, Huren annimmt und mit öffentlich zu bekannten Sündern ißt und trinkt und somit durch sein Tun und Lassen dem Gesetze offenbarlichst widerstrebt, der soll Christus, der verheißene Messias sein?! – Nein, nimmermehr sei eine solch gotteslästerliche Idee in uns!"

Das war das Urteil der hohen und weisen Juden über Mich bei Meiner fleischlichen Vollgegenwart auf der Erde; und das haargleiche Urteil besteht noch zur Stunde über Mich unter Millionen, die durchaus von einem sanftmütigen, herablassenden und Sein Wort haltenden Gott nichts hören wollen!

Ihr Gott muß erstens sehr hoch über allen Sternen wohnen und vor lauter endlosester Erhabenheit nahe gar nicht existieren; geringere Dinge als Sonnen darf Er gar nicht erschaffen, so Er ein würdiger Gott sein will! Zweitens darf Er Sich nicht unterstehen, irgend eine und schon am allerwenigsten die menschliche Gestalt zu haben, sondern muß bloß so irgend ein unbegreifliches Unding sein!

Drittens darf, so doch Christus Gott sein könnte, Er Sich nur Menschen vom Fache, nur gewissen Sozietäten, Konzilien, außerordentlichen Pietisten, mit einem sogenannten Heiligenschein umgebenen Zeloten und vollendeten Tugendhelden durchs innere lebendige Wort mitteilen, und einem also Beglückten aber auch alsogleich die Macht, Berge zu versetzen, erteilen; sonst ist es rein nichts mit der göttlichen Mitteilung und Offenbarung Christi!

Einem Laien oder etwa gar einem Sünder darf Sich der Herr Jesus nimmer mitteilen; denn in solchem Falle ist dann die Offenbarung schon verdächtig und wird nicht angenommen gleicherweise, wie auch Ich Selbst von den hohen Juden nicht angenommen ward, weil Ich vor ihren stolzen und ruhmsüchtigen Augen viel zu wenig göttlich nobel aufgetreten bin; aber – das tut nichts! Nur das Zeugnis Johannis ist gültig!

Die Welt bleibt sich stets gleich und ist fort und fort die Wüste zu Bethabara, allwo Johannes sein Zeugnis abgab. – Aber auch Ich bleibe Mir stets gleich und erscheine allzeit bei den Menschen zur Unterdrückung ihres Hochmuts und zur Belebung der wahren Demut und Liebe stets so, wie Ich den Juden erschienen bin. Wohl allen, die Mich also erkennen und aufnehmen, wie Mich der Johannes erkannt und aufgenommen hat laut seines Zeugnisses, das er Mir vor den Augen und Ohren der stolzen Priester und Leviten aus Jerusalem gab zu ihrem großen Ärger!

Einschätzung

Luther stellt in seiner Predigt unseren Weg in Zusammenhang mit der von Johannes zitierten Aussage des Propheten Jesaja „Ebnet den Weg des Herrn". Nach Ansicht von Lorber begannen die Juden durch das Hoheitsgefühl zu ahnen, dass das Urlicht sich den Erdenmenschen nahte, und mutmaßten, dass dies Urleben allen Lebens sich in Johannes befände und er etwa der verheißene Messias wäre. Lorber folgt der fragwürdigen Auffassung, dass sich Christus keinem Laien offenbaren dürfe. Jedoch wird verdeckt auf die Tatsache hingewiesen, dass Christus sich sehr wohl eines Laien – nämlich Jakob Lorbers – bedienen könne.

Lutherbibel, Das Evangelium nach Johannes, Kapitel 1, Vers 29–34
Am nächsten Tag sieht Johannes, dass Jesus zu ihm kommt, und
spricht: **Siehe, das ist Gottes Lamm, das der Welt Sünde
trägt!** Dieser ist's, von dem ich gesagt habe: Nach mir kommt ein
Mann, der vor mir gewesen ist, denn er war eher als ich. Und ich
kannte ihn nicht. Aber damit er Israel offenbart werde, darum bin
ich gekommen zu taufen mit Wasser.

Und Johannes bezeugte und sprach: Ich sah, dass der Geist
herabfuhr wie eine Taube vom Himmel und blieb auf ihm. Und
ich kannte ihn nicht. Aber der mich sandte zu taufen mit Wasser,
der sprach zu mir: Auf wen du siehst den Geist herabfahren und
auf ihm bleiben, der ist's, der mit dem Heiligen Geist tauft. Und
ich habe es gesehen und bezeugt: Dieser ist Gottes Sohn.

*Erwin Mülhaupt (Hrsg.), D Martin Luthers Evangelien-Auslegung, Vier-
ter Teil: Das Johannes-Evangelium mit Ausnahme der Passionstexte, Göttingen 1961, Seite 75–76 [Aus der ersten Disputation gegen die Antinomer
18.12.1537]*
Dieser Beweisgrund ist einer von den gewichtigsten, daß er auch
auf einen klugen Mann Eindruck machen kann. Wenn Christus
sagt: Das Gesetz und die Propheten haben bis auf Johannes geweissagt (Mt. 11,13), so lauten diese Worte, als solle man nach der
Ankunft Christi das Gesetz nicht mehr lehren.

Aber die Meinung dieser Worte ist die: der Mensch kann
nicht leisten, was das Gesetz fordert und die Propheten verheißen, es sei denn, daß Johannes komme, der auf das Lamm Gottes
weist. Das ist aber das wahre Verständnis dieses Wortes: das Gesetz gebot die Gerechtigkeit und forderte den vollkommenen
Gehorsam. Alsdann predigten die Propheten von der Erfüllung
des Gesetzes, freilich als von einer, die da zukünftig geschehen
sollte, und bekräftigten damit das Gesetz, das da forderte. Aber
auch die Propheten konnten nicht vollbringen, was das Gesetz

forderte; wieviel weniger vermochte es dann das Gesetz selber; sondern da mußte Johannes kommen. Wollt ihr sehen und haben, so spricht er, was das Gesetz fordert und die Propheten verheißen: „Siehe, das ist Gottes Lamm!" Wer den nicht annimmt, der auf dieses Lamm weist und ihm nicht glaubt, daß Christus gekommen sei als des Gesetzes Ende, der wird verloren gehen, wie die Juden, denen noch heutigen Tags Johannes nicht gekommen ist und die unter dem Gesetz bleiben.

Oder man muß es so verstehen: Doch sie konnten das Gesetz nicht erfüllen, bis Johannes kam, der freilich das Gesetz selber auch nicht erfüllen oder ihm genugtun konnte. Doch sagt er also: Höret! Das Gesetz, das zuvor Unmögliches von uns forderte, hat nun kein Recht mehr, etwas von uns zu verlangen, weil wir jetzt (unter uns) als Gabe und Geschenk gegenwärtig haben das Lamm Gottes, das der Welt Sünden trägt. Das hat reichlich erstattet, was das Gesetz forderte. Ist aber die Sünde abgetan, dann hat das Gesetz kein Recht mehr uns zu verklagen, so, daß er selber nunmehr des Gesetzes Ende ist zur Gerechtigkeit für jeden, der da glaubt. Darum ist's unmöglich, daß die Menschen das vollführen, was das Gesetz fordert und was die Propheten von der zukünftigen Erfüllung des Gesetzes predigen, es sei denn, daß sie Christum haben und ihn im Glauben ergreifen. Die an ihn glauben, die haben, was das Gesetz fordert und die Propheten verheißen.

Derhalben ist's nicht not, daß das Gesetz auch fürderhin verlangt, daß man's erfülle, und daß die Propheten von Christo weissagen als dem zukünftigen Erfüller des Gesetzes, weil er ja zu seiner Zeit als der offenbar geworden ist, der ein Fluch ward für uns, auf daß er uns von dem Fluch des Gesetzes erlösete (Gal. 3,13); der uns auch den Heiligen Geist geschenkt hat, daß die Rechtfertigung, die das Gesetz wirken sollte, in uns erfüllt würde. Für die Gottlosen aber bleibt das Gesetz mit seiner Forderung; es verklagt und schreckt zwar auch noch die Frommen, aber es kann sie nicht in Verzweiflung führen und verdammen.

Darum haben zur Zeit des Johannes Gesetz und Propheten ein Ende genommen, da Christus erschien. So geht es auch im persönlichen Leben eines jeden Menschen. Solange er nicht dem Finger und der Stimme des Johannes Glauben schenkt, der bezeugt, daß das Lamm Gottes, Christus, das Gesetz erfüllt habe, solange tut er Knechtsdienst unter der Herrschaft der Tyrannei des Gesetzes. Zu ihm sagt das Gesetz: Leiste, was du sollst! Gott hat das Gesetz aufgerichtet, daß du es mit der Tat vollbringst. Du hast's nicht getan. Also hast du einen zornigen Gott und strengen Richter. Dabei aber sagt das Gesetz nicht, auf welche Weise und durch wen man es erfüllen könne. Es kann den nicht zeigen, der es erfüllt, bis das Evangelium kommt und spricht, Christus habe solches vollbracht …

Jakob Lorber, Das große Evangelium Johannis, Band 1, Bietigheim 1967, Kapitel 5, Vers 21–23; Kapitel 6, Vers 1–13 (Auszug)
Er zeuget ihnen des nächsten Tages darauf, als diese Forscher noch zu Bethabara sich aufhielten und allda Erkundigungen machten, was alles dieser Johannes tue und worin hauptsächlich seine Predigten beständen, noch einmal von Mir, und zwar gerade bei der bekannten Gelegenheit, als Ich aus der Wüste zu ihm komme und von ihm verlange, daß er Mich taufe mit dem Wasser des Stromes.

Schon als Ich Mich ihm nähere, macht er den Führer dieser Forscher, der über die Nacht das, was er von Johannes Tags vorher vernommen hatte, in eine beachtenswerte Erwägung zog, auf Mich aufmerksam und sagt: „Sieh', Der dorther Kommende ist das Gottes-Lamm, Das alle Schwäche der Menschen auf Seine Schultern gelegt hat, auf daß die Menschen, die Ihn aufnehmen werden, ein neues Leben aus Ihm nehmen und in sich die Macht haben werden, aus solchem neuen Leben Gottes Kinder zu hei-ßen; denn weder im Sturme noch im Feuer kommt Jehova, son-dern im sanftesten Wehen nur kommt er."

Johannes wiederholt hier noch einmal das, was er schon Tags vorher zu den Forschern über Mich ausgesagt hatte, und zeugt einerseits von Mir, daß Ich gleichsam als ein Spiegel wahrer und notwendiger Demut des Menschen zu den Menschen komme und in solcher Demut zeuge, daß Ich den Menschen in ihrer Schwäche zu Hilfe komme, nicht aber in ihrer vermeintlichen Stärke, die sie freilich wohl nimmer besitzen; andrerseits aber zeuget Johannes auch, daß das von ihm also benannte Gottes-lamm dennoch Der ist, Der vor allem Sein war; denn der Aus-druck „Er war eher denn ich" besagt soviel als: Johannes – seinen hohen Geist auf einen Moment in sich selbst erkennend – gibt dies den Forschern also zu verstehen, daß, obschon auch in ihm der gleiche Urgeist wohne einer und derselben Art und Beschaf-fenheit, er aber dennoch nur aus dem Grundurgeiste, Der allein in diesem Lamme wohne, nicht aus eigener Macht, sondern aus der alleinigen Macht dieses Urgrundgeistes in ein freies und völlig selbständiges Dasein hinausgestellt wurde; mit solcher Hin-ausstellung, da sie eine wirkliche Werktat des Urgrundgeistes ist, beginne dann auch eine erste Zeitperiode, vor welcher nichts war in der ganzen Unendlichkeit denn allein der Urgrundgeist Jehova, und zwar ganz also und Derselbe, als Der Er nun in diesem Got-teslamme vor ihnen sichtbar Sich befinde und von ihm (Johan-nes) getauft zu werden wünsche.

Natürlich fragten die Forscher darauf Johannes: „Seit wann kennst denn du diesen merkwürdigen Mann schon, und wie überkamst du das, was du nun von Ihm aussagst?" – Hier ant-wortete Johannes ganz naturgemäß, daß auch er als Mensch Ihn früher nicht gekannt habe, sondern Sein Geist habe ihm solches geoffenbart und ihn auch getrieben, die Menschen auf Diesen

vorzubereiten und sie zu waschen von ihren groben Sündenflek-
ken mit dem Wasser des Jordans. […]

Einschätzung
Nach Luthers Auslegung kann allein das Lamm Gottes die For-
derungen des Gesetzes und die Verheißungen der Propheten
erfüllen, und jeder erlangt durch den Glauben die Gerechtigkeit.
Lorber erklärt, dass das Gotteslamm „alle Schwäche der Menschen" auf sich gelegt habe. Alle, die ihn aufnähmen, würden
neues Leben aus ihm gewinnen und in sich die Macht haben,
„Gottes Kinder zu heißen". Aus dem geschwächten Hoheitsgefühl geht folglich die Schwäche der Menschen hervor, sodass das
gesungene Agnus Dei mit dem ausgetauschten Wort *Schwäche* statt
ursprünglich *Sünde* an Blasphemie grenzt.

Lutherbibel, Das Evangelium nach Johannes, Kapitel 1, Vers 51
Und er spricht zu ihm: Wahrlich, wahrlich, ich sage euch: Ihr werdet den Himmel offen sehen und die Engel Gottes hinauf- und herabfahren über dem Menschensohn.

Erwin Mülhaupt (Hrsg.), D Martin Luthers Evangelien-Auslegung, Vierter Teil: Das Johannes-Evangelium mit Ausnahme der Passionstexte, Göttingen 1961, Seite 81–86 [Predigten 1537 und 1538]
Das ist auch eine seltsame Rede. Wir lesen aber im ersten Buch Mosis im 28. Kapitel von Jakob, da er von seinem Vater Isaak nach Mesopotamien zog und allda ein Weib nehmen wollte, da kam er an die Stätte, da hernach Jerusalem hingebaut worden ist, sonderlich da der Tempel Salomonis gestanden, darinnen Christus gepredigt hat, da legt er sich nieder und wollte schlafen, und da er kein Kissen hatte, nimmt er einen Stein und entschlief der heilige Mann darauf; denn es war ihm angst und war traurig um seines Bruders Esaus willen, der ihn verfolgte. Da tröstete Gott ihn durch dieses Gesicht, daß er sein gnädiger Gott und Schutzherr sein wollte, und daß die Engel bei ihm gegenwärtig sein sollten und ihn schützen. Denn er sah, daß der Himmel offenstand und eine Leiter fußte auf der Erden, die gen Himmel reichte, und droben auf der Leiter war unser Herr Gott und die Engel stiegen auf und nieder. Und Jakob hörte diese Worte: Ich will dein Gott sein und will dich geleiten und wieder heimbringen; fürchte dich nicht in deinem Elend, es sollen die Engel bei dir sein.

Diese Historia des lieben Erzvaters deutet der Herr Christus auf sich, daß die Engel auf ihm, als auf einer Leiter auf- und niederfahren sollen. Und will sagen: Wie Jakob dies Gesicht gesehen hat, also werdet ihr auch alle sehen den Himmel offen stehen und die Engel Gottes auf- und absteigen auf des Menschen Sohn; daß Nathanael Größeres sehen werde …

Dies Gesicht, das dem Patriarchen begegnet ist an der Stätte und (dem) Ort, da hernach Jerusalem gebauet ist, geht auf Christum. Denn da Christus Mensch ward und ins Predigtamt getreten ist und anfing zu predigen, da hat sich der Himmel aufgetan und bleibet offen und ist von der Zeit her, seit der Taufe Christi am Jordan, da er sich aufgetan hat, nie zugeschlossen, wird auch nicht zugetan werden, ob wir's gleich mit den leiblichen Augen nicht sehen. Wenn der Himmel offen steht und Gott der Vater mit uns redet, das schauen wir nur mit geistlichen Augen. Vor der Zukunft Christi, da war der Himmel stets zugeschlossen und regierte der Teufel gewaltiglich, aber durch Christum und in Christo ist der Himmel wieder aufgesperrt, und sehen die Christen den Himmel nun offen und hören Gott, den himmlischen Vater, stets mit ihnen reden und die lieben Engel ohne Unterlass auf- und ab zu uns fahren. Denn das Wort: „Dies ist mein geliebter Sohn" redet der himmlische Vater noch immer mit uns, höret nicht auf bis an den Jüngsten Tag solches zu reden, und wird der Himmel nicht zugesperrt. Kommst du zur Taufe oder nimmst du das Abendmahl oder holst du die Absolution, oder wenn man predigt, so stehet der Himmel offen, und wir hören die Stimme des himmlischen Vaters, und kommen diese Werke alle aus dem Himmel, und ist der Himmel über uns offen. Denn Gott redet mit uns und regiert uns, sorgt auch für uns, und Christus schwebt über uns, aber unsichtlicher Weise. Und obgleich eiserne und stählerne Wolken über uns wären und den Himmel gar bedecken, so hindert's uns doch nichts, wir hören dennoch Gott vom Himmel mit uns reden und wir schreien und rufen zu ihm, da erhöret und antwortet er uns und wir hören ihn wieder, wenn er mit uns redet in der Taufe, im Abendmahl, in der Beichte und in seinem Wort durch derer Mund, die das Wort dem Volk verkündigen, und steht der Himmel über uns offen, wie auch St. Stephan den Himmel offen siehet in den Geschichten der Apostel (Apg. 7,55). [...]

Jakob Lorber, Das große Evangelium Johannis, Band 1, Bietigheim 1967, Kapitel 9, Vers 13–14

Und wahrlich, wahrlich, **Ich** sage es euch: von nun an werdet ihr alle die Himmel offen sehen und die Engel Gottes hinauf- und herabfahren auf des Menschen Sohn, – was alles soviel sagen will als: In der Folge, so ihr aus Mir die Wiedergeburt eures Geistes werdet erlangen, dann werden die Pforten des Lebens aufgetan werden, und ihr werdet dann, als selbst Engel, eben die durch Mich in der Wiedergeburt zu Engeln und somit auch in diesen Engeln zu „Kindern Gottes" gemachten Menschen vom Tode zum ewigen Leben (hinauf)wandeln sehen, im Gegensatze auch viele urgeschaffene Engelsgeister aus allen Himmeln herab zu Mir, dem Herrn alles Lebens, fahren sehen und allda treten in Meine, in des Menschensohnes Fußstapfen, – folgend dem Beispiel und Zeugnis Johannis.

Das ist demnach nun ein rechtes Verständnis des ersten Kapitels; aber darnach glaube ja niemand, als sei das Verständnis, das hier gegeben ist, ein schon alles erschöpfendes! Oh, das ist es nicht; wohl aber ist diese Gabe ein praktischer Wegweiser, nach dem ein jeder, der eines guten Willens ist, in allerlei Tiefen der göttlichen Weisheit eingeführt werden und allda ersehen und erkennen kann allerlei Lebenssinn in jedem einzelnen Verse. Zu allem dem aber ist, wie gesagt, diese Gabe eine wahre Hauptrichtschnur, nach der alles bemessen und gerichtet werden kann.

Einschätzung

Luther bezieht sich auf den Patriarchen Jakob, der in einem Traum den Himmel offen stehen und die Engel auf- und absteigen sah. Jakob empfing von Gott ein Versprechen und den

Schutz der Engel. Dies stellt Luther in Zusammenhang mit Christus, durch dessen Wort den Gläubigen der Himmel stets offen stehe und ihnen auch der tröstende Schutz der Engel zuteilwerde. Nach Lorbers Deutung werden uns durch die Wiedergeburt des Geistes die Pforten des Lebens aufgetan, sodass wir selbst Engel in den Himmel hinaufwandeln und urgeschaffene Engelsgeister aus den Himmeln herabfahren sehen werden. Die fragwürdige Wiedergeburt des Geistes mit ihrem unklaren Zeitpunkt soll auch als Hauptrichtschnur gelten, um alles bemessen zu können. Jedoch ist nach reformatorischem Verständnis allein die Heilige Schrift Beurteilungsgrundlage aller Neuoffenbarungen.

2.1.2 Kommentar

Das Wort ward Fleisch, es wohnte unter uns, und wir sahen seine Herrlichkeit – das ist der Kerngedanke des ersten Kapitels des biblischen Johannes-Evangeliums. Luther *bezeugt* die Menschwerdung Gottes in Jesus Christus mit folgenden Worten bzw. Titeln: das Wort ward Fleisch, Lamm Gottes, Sohn Gottes, König von Israel und Menschensohn. Die Texte Luthers sind Auslegungen und verweisen auf die Heilige Schrift, deutlich wird der von Luther begründete reformatorische Grundsatz „allein durch die Schrift" (*sola scriptura*).

Lorber dagegen *erklärt* die Menschwerdung Gottes in Jesus Christus – zuweilen in einer der Wissenschaft weitgehend unbekannten Terminologie und mit willkürlich anmutender Instrumentalisierung christologischer Aussagen. Einige Beispiele mögen das verdeutlichen:

1. Johannes der Täufer wird als inkarnierter (verkörperter) „hoher Geist (Michael)" dargestellt. Dadurch geht die Einzigartigkeit der Fleischwerdung des Wortes, der Menschwerdung Jesu Christi, verloren. In den neun Kapiteln wird im Überblick viermal Johannes der Täufer erwähnt. Der Mensch Johannes der Täufer steht stärker im Vordergrund als Jesus Christus.

2. Von der Fülle Christi „haben wir Gnade um Gnade" genommen. Die erste Gnade repräsentiert bei Lorber das Urleben der Menschen, das die gleiche Herrlichkeit Gottes besaß, dann jedoch Schaden nahm. Die Wiederkehr des Urlichtes würde den Menschen die volle Freiheit wiedergeben – das bezeichnet Lorber als die zweite Gnade. Auch hier findet eine Umdeutung zugunsten des Menschen statt.

3. Aus der Taufe des Herrn im Jordan wird die „Doppeltaufe": Jesus tauft mit seinem Heiligen Geist Johannes den Täufer.

Die Einzigartigkeit der Taufe Jesu wird zugunsten der Taufe des Menschen Johannes aufgehoben.

4. Bereits im dritten Kapitel gibt Lorber Hinweise zum neuen Sein durch die Wiedergeburt zur wahren Kindschaft Gottes, in der wir angeblich zur gleichen Herrlichkeit des eingeborenen Sohnes gelangen. Die hier genannte Wiedergeburt ist nicht zu verwechseln mit der Wahrheit über die geistige Wiedergeburt, die Jesus Nikodemus lehrt. Die Einzigartigkeit der Herrlichkeit Jesu tritt erneut zugunsten des Menschen in den Hintergrund. Der Verweis auf die wahre Kindschaft Gottes impliziert die Existenz einer falschen – einer Kindschaft also, bei der eine derartige Wiedergeburt nicht stattgefunden hat.

5. Um getauft zu werden und lehren zu können, musste Jesus sein menschliches Wesen durch ein 40-tägiges Fasten und sonstige Übungen vorbereiten. Jesus stellte sich uns Sündern gleich, obwohl er sündlos war, um uns alle von unseren Sünden zu erlösen. Auch hier findet eine Verschiebung des Göttlichen zugunsten des Menschlichen statt.

Lorbers Anspruch, die Menschwerdung Gottes in Jesus Christus zu erklären statt zu bezeugen, birgt einen entscheidenden Irrtum: Man beginnt, Gott gegenüber den „unwissenden" Menschen zu verteidigen, wird gewissermaßen zum Anwalt Gottes. Gott kann jedoch nur bezeugt und niemals erklärt werden. Allein Christus ist unser Anwalt und vertritt uns beim Vater. Auf der Basis der lorberschen Erklärungen fällt eine Kommunikation außerordentlich schwer, mehr noch: Sie machen ein Auswendiglernen und somit eine Verinnerlichung von Kernstellen des ersten Kapitels der Lutherbibel nahezu unmöglich. Die Erklärungen führen somit nicht in die Schrift, sondern entfremden uns von ihr. Ob uns Lorbers Neuoffenbarungen den inneren Sinn des Evangeliums zu erschließen vermögen, ist daher zweifelhaft.

2.2 Das zweite Kapitel

2.2.1 Quellen und Einschätzungen

Lutherbibel, Das Evangelium nach Johannes, Kapitel 2, Vers 1–11
Und am dritten Tage war eine Hochzeit zu Kana in Galiläa, und die Mutter Jesu war da. Jesus aber und seine Jünger waren auch zur Hochzeit geladen.

Und als der Wein ausging, spricht die Mutter Jesu zu ihm: Sie haben keinen Wein mehr. Jesus spricht zu ihr: Was geht's dich an, Frau, was ich tue? Meine Stunde ist noch nicht gekommen. Seine Mutter spricht zu den Dienern: Was er euch sagt, das tut. Es standen aber dort sechs steinerne Wasserkrüge für die Reinigung nach jüdischer Sitte, und in jeden gingen zwei oder drei Maße.

Jesus spricht zu ihnen: Füllt die Wasserkrüge mit Wasser! Und sie füllten sie bis obenan. Und er spricht zu ihnen: Schöpft nun und bringt's dem Speisemeister! Und sie brachten's ihm. Als aber der Speisemeister den Wein kostete, der Wasser gewesen war, und nicht wussten, woher er kam – die Diener aber wussten's, die das Wasser geschöpft hatten –, ruft der Speisemeister den Bräutigam und spricht zu ihm: Jedermann gibt zuerst den guten Wein und, wenn sie betrunken werden, den geringeren; du aber hast den guten Wein bis jetzt zurückbehalten. Das ist das erste Zeichen, das Jesus tat, geschehen zu Kana in Galiläa, und offenbarte seine Herrlichkeit. Und seine Jünger glaubten an ihn.

Erwin Mülhaupt (Hrsg.), D Martin Luthers Evangelien-Auslegung, Vierter Teil: Das Johannes-Evangelium mit Ausnahme der Passionstexte, Göttingen 1961, Seite 86–90 (Auszug) [Fastenpostille 1525]
Darum ist dies Stück des Evangeliums das höchste und wohl zu merken, daß wir Gott die Ehre geben müssen, daß er gütig und gnädig ist, ob er gleich selber sich anders stellt und sagt und alle

Sinne und alles Fühlen anders denken. Denn damit wird das Fühlen getötet und geht der alte Mensch unter, auf daß lauter Glauben in Gottes Güte und kein Fühlen in uns bleibe. Denn hie siehst du, wie die Mutter einen freien Glauben behält und uns zum Vorbild vorhält. Gewiß ist sie, daß er gnädig sein wird, obwohl sie es nicht fühlt; gewiß ist's auch, daß sie anders fühlt als sie glaubt. Darum läßt sie es seiner Güte frei befohlen sein und setzt ihm weder Zeit noch Stätte, weder Weise noch Maß, weder Person noch Namen. Er tue es, wenn's ihm gefällt. Geschieht's nicht mitten in der Mahlzeit, so geschehe es am Ende oder nach der Mahlzeit. Die Schlappe will ich in mich fressen, daß er mich so höhnt[11] und mit Schanden vor allen Gästen stehen läßt und spricht mir so ungütlich zu und läßt uns alle schamrot werden. Er stellt sich sauer, doch ist er süß, das weiß ich. Also laßt uns auch tun; so sind wir rechte Christen.

Merke aber hiebei: Damit daß er auch gegen seine eigene Mutter so hart ist, lehrt er uns nicht allein das obengesagte Vorbild des Glaubens, sondern bestätigt auch, daß wie in Gottes Sachen und Dienst weder Vater noch Mutter kennen sollen, wie Moses sagt (5. Mose 33,9): „Wer zu seinem Vater und Mutter spricht, ich kenne sie nicht, der hält deine Satzung Israel." Denn wiewohl keine größere Gewalt auf Erden ist als Vater- und Muttergewalt, so ist sie doch aus, wenn Gottes Wort und Werk angehen. Denn in göttlichen Sachen soll weder Vater noch Mutter, geschweige denn ein Bischof oder irgend ein Mensch, sondern allein Gottes Wort lehren und führen. Und auch wenn dich Vater oder Mutter heißen, lehren oder auch bitten etwas gegen Gott und in Gottes Dienst zu tun, das nicht durch Gott klar geboten und befohlen ist, sollst du zu ihnen sagen: Quid mihi et tibi? Was haben ich und du miteinander zu tun? Gleichwie allhie Christus

---

[11] demütigt.

das Werk Gottes schlechterdings nicht tun wollte, obwohl es seine eigene Mutter haben wollte.

Denn Vater und Mutter sind auch schuldig, ja sie sind eben darum zu Vater und Mutter von Gott gemacht, daß sie die Kinder nicht nach ihrem Dünkel und eigner Andacht lehren und zu Gott führen sollen, sondern nach dem Gebot Gottes. Wie auch St. Paulus sagt: „Ihr Eltern ziehet eure Kinder auf nach der Zucht und Lehre des Herrn" (Eph. 6,4); d. i. lehret sie Gottes Gebot und Wort, wie ihr's gelernt habt, und nicht euer eigen Ding. Also siehst du auch hie im Evangelium, daß die Mutter Christi die Diener von sich weist zu Christus und spricht nicht: Tut, was ich euch sage, sondern tut, was er euch sagen wird. Nur auf seine Worte soll man jedermann weisen, wenn man recht weisen will. Also daß dies Wort der Maria: „Was er euch saget, das tut" ein tägliches Wort der ganzen Christenheit ist und sein soll, und damit soll alle Menschenlehre zu Boden gestoßen werden und was nicht eigentlich Christi Wort ist. Und sollen fest glauben, daß es nicht der Kirche Gebot ist, wie sie rühmen und lügen, was außer und über Gottes Wort geboten wird. Denn Maria spricht: Was er sagt, das, das, das tut und nichts anderes. Denn da wird genug zu tun sein.

Hie siehst du auch, wie der Glaube nicht fehlt und Gott ihn nicht läßt, sondern mehr und herrlicher gibt als man bittet. Denn hie wird nicht allein Wein, sondern köstlicher und guter Wein gegeben und zwar die Menge. Damit reizt und lockt er uns abermal, tröstlich an ihn zu glauben, ob er gleich verzieht. Denn er ist wahrhaftig und kann sich selbst nicht verleugnen. Gut und gnädig ist er; das muß er von sich selber bekennen, dazu auch beweisen, es sei denn, daß man ihn hindert und ihm nicht Zeit und Stätte und Weise dazu läßt. Zuletzt kann er's nicht lassen, so wenig als er sich selber lassen kann, wer's nur kann erharren ...[12]

Jakob Lorber, Das große Evangelium Johannis, Band 1, Bietigheim 1967, Kapitel 10, Vers 1–18; Kapitel 11, Vers 1–20 (Auszug)
Im allgemeinen praktischen Sinne aber bezeugt diese Hochzeitsgeschichte, die – wohlverstanden – drei Tage nach Meiner Rückkunft aus der Wüste erfolgte, auch die drei Stadien, die ein jeder Mensch durchzumachen hat, um zur Wiedergeburt des Geistes oder zu der ewigen Lebenshochzeit im großen Kana des himmlischen Galiläa zu gelangen.

Die drei Stadien aber sind: zuerst die Bezähmung des Fleisches, dann die Reinigung der Seele durch den lebendigen Glauben, der sich natürlich durch die Werke der Liebe als lebendig erweisen muß, ansonst er tot ist, und endlich die Erweckung des Geistes aus dem Grabe des Gerichtes, wozu in der Erweckung des Lazarus sicher das vollsinnigst entsprechende Bild gegeben

---

[12] Luther läßt hier eine ausführliche „geistliche Deutung" des Textes folgen: die Hochzeit bedeutet Christus als den rechten Bräutigam und die Christenheit als die Braut. Das jüdische Volk heißt Kana, d. h. „Eifer". Galiläa heißt „Grenze" oder „Ende des Landes". Das jüdische Volk wohnt zwischen Gesetz und Evangelium und soll von dem einen Lande in das andere treten. Christus, zu der Hochzeit geladen, bedeutet, daß er längst zuvor im Gesetz und den Propheten verheißen war. Die sechs steinernen Wasserkrüge sind die Bücher des Alten Testaments; das Wasser drinnen ist die Bedeutung und der Sinn des Gesetzes, nach welchem sich das Gewissen richtet. Das Wasser in Wein verwandeln heißt: „des Gesetzes Verstand lieblich machen"; das Evangelium kommt und „verkläret des Gesetzes Verstand". Es macht das Wasser zu Wein; denn es verkündigt uns, daß Christus für uns das Gesetz erfüllt hat. Die Knechte sind alle Prediger des Neuen Testaments, die aus der Schrift schöpfen und einschenken. Der Speisemeister ist das alte Priestertum unter den Juden. Daß der gute Wein zuletzt gegeben wird, bedeutet das „widersinnige" Handeln Gottes, der zuerst Kreuz und Leiden, nachher Ehre und Seligkeit schenkt.

ist. Wer über diese Beleuchtung ein wenig nachdenkt, der wird sich in allem folgenden leicht zurechtfinden.

Da wir hier sonach den geistigen Sinn entwickelt haben, und zwar in dem, was diese Hochzeitsgeschichte im allgemeinen besagt, so wollen wir wieder zum weiteren Verlaufe dieser Hochzeit zurückkehren und am Ende dieser Geschichte die sonderheitlichen Entsprechungen durchgehen.

[…] Es wurde aber nun der Wein den Gästen vorgesetzt, und als diese ihn verkosteten, sprachen sie **alle:** „Solcher Wein wird in unseren Landen nicht gekeltert! – Das ist wahrhaft ein Himmelswein! Ehre dem, welchem Gott solche Macht gegeben hat!"

Darauf tranken sie Mir und dem neuangekommenen Gaste Thomas Glück und Willkommen zu.

Alle aber, die da waren bei dieser Hochzeit, glaubten nun vollends, daß Ich unfehlbar der verheißene Messias bin.

Petrus aber sagte zu Mir insgeheim: „Herr, laß mich wieder von dannen ziehen" – Denn Du bist Jehova Selbst, wie Dein Knecht David von Dir geweissagt hat in seinen Psalmen; ich aber bin ein armer Sünder und Deiner durch und durch unwert!" […]

Ich aber sage mehr insgeheim zu Petrus: „Dein Fleisch hat dir das nicht gegeben; sondern der Vater, Der in Mir ist, hat es deinem Geiste geoffenbart. Aber von nun an halte mit deiner Stimme noch zurück; es wird aber die Zeit kommen, in der du also schreien sollst, daß dich alle Welt vernehmen möge!" – Darauf trat wieder Ruhe unter die Gäste, und durch diese Tat glaubten nun alle an Mich und sahen in Mir den wahren Messias, Der gekommen sei, um sie von allen Feinden loszumachen.

Es war dies auch das erste außerordentliche Zeichen, das Ich beim Antritte des großen Erlösungswerkes vor den Augen vieler verrichtet hatte und zeigte in diesem Zeichen, wenn auch verhüllt, das folgende große Werk; aber das begriff von der ganzen Gesellschaft auch nicht einer. – Denn wie Mein Fasten in der

Wüste die ganze Verfolgung, die Mir in Jerusalem vom Tempel aus zuteil ward, und die Taufe Johannis Meinen Kreuzestod vorandeutete, also deutete diese Hochzeit Meine Auferstehung an, und das Zeichen ward ein Vorbild der Wiedergeburt des Geistes zum ewigen Leben.

Denn also wie Ich das Wasser in den Wein verkehrte, wird auch des Menschen naturmäßig Sinnliches in den Geist verwandelt werden durch das Wort aus Meinem Munde, so er danach lebet!

Aber es sollte auch ein jeder den Rat in seinem Herzen genau befolgen, den Maria den Dienern gab, indem sie sagte: „Was Er sagen wird zu euch, das tuet!", dann werde Ich auch an einem jeden das tun, was Ich zu Kana in Galiläa getan habe, nämlich ein rechtes Zeichen, an und aus dem nun ein jeder, der nach Meinem Worte lebt, die Wiedergeburt des Geistes in sich selbst leichter erkennen wird.

Einschätzung

Zum ersten Mal wird hier eine ausführliche „geistliche" Deutung Luthers sichtbar, die sich gut mit Lorbers „geistigem Sinn" vergleichen lässt. Luther bedient sich der Hochzeitsmetapher und nennt Christus den rechten Bräutigam und die Christenheit die Braut. Christus habe das Gesetz bereits für alle Christen erfüllt. Lorber zufolge müsse jeder Mensch drei Stadien durchlaufen, um zur Wiedergeburt des Geistes zu gelangen: Bezähmung des Fleisches, Reinigung der Seele und Erweckung des Geistes. Seine Erklärungen zur Wiedergeburt des Geistes stellen nicht nur die bei Luther präsente Lieblichkeit des Bräutigams Christus in den Hintergrund, sondern verschleiern zudem die Tatsache, dass es sich hier wohl um eine neue religiöse Gesetzmäßigkeit handelt, die mit dem Evangelium nichts mehr gemein hat.

Lutherbibel, Das Evangelium nach Johannes, Kapitel 2, Vers 13–16
Und das Passahfest der Juden war nahe, und Jesus zog hinauf
nach Jerusalem. Und er fand im Tempel die Händler, die Rinder,
Schafe und Tauben verkauften, und die Wechsler, die da saßen.
Und er machte eine Geißel aus Stricken und trieb sie alle zum
Tempel hinaus samt den Schafen und Rindern und schüttete den
Wechslern das Geld aus und stieß die Tische um und sprach zu
denen, die die Tauben verkauften: Tragt das weg und macht nicht
meines Vaters Haus zum Kaufhaus!

Erwin Mülhaupt (Hrsg.), D Martin Luthers Evangelien-Auslegung, Vier-
ter Teil: Das Johannes-Evangelium mit Ausnahme der Passionstexte, Göt-
tingen 1961, Seite 112–114 [Predigt 9.2.1538]
Das Reich Christi ist also ein mündliches Schwert und eine
mündliche Rute. Warum nimmt er denn ein Faustschwert, was
eines Bauern Werk ist, wird also ein weltlicher Herr, redet nicht
allein mit dem Mund, sondern tut auch mit der Hand dazu? Antwort: Noch war das Alte Testament nicht abgetan. Christus ließ
sich beschneiden und im Tempel opfern und ging zum Osterfest
nach Jerusalem. Das alles ist Gesetz des Mose und gehört nicht
zum Neuen Testament. Wiederum läßt er die Saat ausraufen, heilt
am Sabbat und hält ihn nicht (Mk. 2,23 f.; Joh. 5,9 f.). So hält er
Mose, wenn er will, und wenn er nicht will, dann verwirft er ihn.
So ist's auch hier. Wäre etwa Mose gewesen, dann hätte er die
Wechsler aus dem Tempel verjagt. Christus gibt sich also unter
Mose und gehorcht seinen Geboten, gleichwie Moses viele getötet hat. Tut er's (auch), so ist's gut; tut er's nicht, so ist er's nicht
schuldig (zu tun). Will er den Sabbat halten, ist's gut; wo nicht,
ist's auch gut. Wenn ich einem Knecht einen Rock schenke, ist's
gut; will ich's nicht tun, so bin ich's nicht schuldig zu tun. So tut
auch Christus, was im Gesetz geboten ist, nicht weil er's tun muß,
sondern weil er's tun will. So hat er sich auch unter Mose gegeben

und will Moses sein. Weil er's nun tut, ist's recht; hätte er's aber nicht tun wollen, so hätte es doch nichts geschadet. Darum ist er nicht ein Aufrührer; denn er tut nach dem Gesetz, welches sagt: Wer Abgötterei treibt, soll getötet werden. Christus hält sich ein wenig wie Moses, hat's zeitweise mit Mose gehalten und zeitweise auch gar wider Mose. Was er zu tun nicht schuldig war, hätte er tun oder lassen können. Er ist gleichzeitig mitten drin zwischen dem Alten und Neuen Testament gewesen. Markus sagt (Mk. 11,16), er sei voller Unwillen gewesen, daß er kein Gerät oder einen Wasserkrug durch den Tempel habe tragen lassen. Weil er eben zu den Zeiten des Mose gekommen ist, hat er sich unter das Gesetz gegeben, auf daß er seinen Diener Mose verdamme (Hier aber handelt er so), als sei er im Unrecht, weil er des Mose Amt ausrichtet.

Darum hilft dieser Text den Wiedertäufern und Aufrührern nichts. Christus hat ein weltliches Werk ausgerichtet, d. i. ein Werk des Mose. Obwohl er des Mose Herr war, unterwarf er sich ihm doch. Wir aber sollen uns nicht nach diesem Werk richten. Denn im Neuen Testament sind die zwei Regimente und Ruten wohl unterschieden und sollen unterschieden sein. Ich habe eine mündliche, geistliche Rute; du aber hast eine Rute in der Faust und in der Hand, eine weltliche, leibliche Rute. So soll's nach Christi Auffahrt unterschieden sein, weil nun Moses aufgehoben ist. Ein jeder lerne, wer nur lernen kann, daß wir die zwei Schwerter unterscheiden. […]

Jakob Lorber, Das große Evangelium Johannis, Band 1, Bietigheim 1967, Kapitel 12, Vers 6–11; Kapitel 13, Vers 1–14 (Auszug)
Es war aber ohnehin das Osterfest der Juden herangekommen, und Ich zog dann mit allen, die bei Mir waren, hinauf nach Jerusalem. Aber man stelle sich das Osterfest der eigentlichen Juden nicht in der Zeit vor, wie sie nun in dieser Zeit in den verschiede-

nen christlichen Gemeinden für dies ähnliche Fest bestimmt wird, manchmal schon sogar im Monat März, sondern um nahe ein ganzes Vierteljahr später hinaus! Denn bei dem Osterfeste ward für des Jahres erste Fechsung (Ernte; d. Hsg.), die in Gerste, Korn und Weizen bestand, dem Jehova gedankt, und man aß da schon das neue Brot, das aber nach dem Gesetze ungesäuert war, und niemand in dem Lande durfte in dieser Zeit ein gesäuertes Brot essen.

Es konnte daher dieses Fest der ungesäuerten Brote erst dann stattfinden, wann das neugeerntete Getreide schon zu Mehl gemacht werden konnte, nicht aber in einer Zeit, in der das Getreide sozusagen erst gesäet wird. Es wird zwar das Getreide in Judäa wohl, wenn das Jahr gut dient, um 14–20 Tage eher reif als hier; aber vor Ende des Monats Mai wird das Korn und der Weizen sogar in Ägypten selten ganz hereingebracht, geschweige in Judäa, allda es schon bedeutend kühler ist als in Ägypten.

Es war aber die Zeit der ungesäuerten Brote alsonach da, und wie oben gezeigt, zog Ich denn mit allen, die bei Mir waren, hinauf nach der Hauptstadt der Juden, die auch „die Stadt Gottes" hieß; denn Jerusalem heißt eben verdolmetscht soviel als „die Stadt Gottes".

Da aber in der Zeit stets viel Volkes nach Jerusalem kam, auch viele Heiden, die da kauften und verkauften allerlei Waren, als Gerätschaften, Webereien, Vieh und Früchte aller Art, so hatte dieses Fest in der Zeit das geheiligte Ansehen ganz verloren, und die Gewinnsucht nötigte sogar das Priestertum, die Höfe und Vorhallen des Tempels für diese Zeit an die Kaufleute, ob Juden oder Heiden, um einen ganzen bedeutenden Betrag zu vermieten, so daß solch eine Tempelmiete für die Festdauer über 1000 Silberlinge ausmachte, was in der Zeit eine ungeheuer große und gewichtige Summe war und gegenüber den Sachen mehr galt, als in der gegenwärtigen Zeit 100 000 Gulden. [...]

Ich aber sagte zum Petrus: „Gehe hin dort zu dem Seiler, kaufe ihm drei starke Stricke ab und bringe sie hierher!" – Petrus tat das sogleich und brachte mir drei starke Stricke, die Ich schnell zusammenflocht und Mir sonach eine starke Geißel anfertigte. Mit dieser Geißel in Meiner Rechten sagte **Ich** zu allen, die mit Mir waren, und zu Meinen Jüngern: „Kommet nun mit Mir in den Tempel und seid Zeugen; denn es soll sich nun Gottes Macht und Herrlichkeit an Mir abermals vor euren Augen bewähren!"

Nach diesen Worten ging Ich natürlich voran in den Tempel, und wie Ich ging, wich alles zurück, und die Mir folgten, hatten nach Mir einen guten Weg; freilich war der Boden voll Geflades und Unrats.

In der letzten Vorhalle des Tempels angelangt, in der die vorzüglichsten Ochsen- und Schafhändler ihr Vieh zum Verkauf aufgestellt hatten, und zwar auf der linken Seite, während die rechte Seite durch alle drei Hallen die Wechsler im Beschlage hatten, stellte **Ich** Mich auf die Torstufen und sagte mit einer donnerähnlichen starken Stimme: „Es stehet geschrieben: Mein Haus ist ein Bethaus; ihr aber machet es zu einer Mördergrube! – Wer hat euch dazu ein Recht erteilt, den Gottestempel also zu entheiligen!?" […]

Einschätzung

Luther predigt, dass Jesus sowohl das Gesetz Mose erfüllt als auch übertreten habe. Wir dagegen hätten die geistliche und weltliche Gewalt zu unterscheiden und seien nicht befugt, diese nach unserem Belieben einzusetzen. Luther stellt das Reich Christi als mündliches/geistliches Schwert dar. Vor diesem Hintergrund erscheint Lorbers Tempelschilderung befremdlich, insbesondere die dubiosen Details von den Gepflogenheiten im Tempel sind fragwürdig. Das zitierte Schriftwort ist im Evangelium nach Matthäus nachzulesen. Lorber legt starkes Gewicht auf die Geißelung des widergöttlichen Handelns und würdigt in keiner Weise das von Gott gebotene Opfern.

Der Gehorsam unseres Hohepriesters Jesus Christus zum einmaligen Erlösungsopfer ist bereits bei Moses durch das von Gott gebotene Opfern vorgezeichnet. Daher ist die Vertrautheit Lorbers mit der „lebendigen Stimme" unvereinbar mit dem heiligen, lebendigen Gott. Die beiden Söhne des Priesters Aaron mussten ihr eigenmächtiges Opfern mit dem Leben bezahlen – Lorber dagegen darf dank der „lebendigen Stimme" alles eigenmächtig darstellen? Vergleicht man seine Ausführungen mit den biblischen Reden und Anweisungen, die Gott an Moses richtet, so zeigt sich, dass sich Lorber keinem biblischen Kontext verpflichtet fühlt und seine Neuoffenbarung damit nicht authentisch sein kann. Ohne Gehorsam gegenüber dem Wort und somit Gott lässt sich jedoch Gottes Segen weder erbitten noch empfangen. Einst versprach auch der Widersacher Segnungen, die er gar nicht geben konnte. Luther führte 1525 den Aaronitischen Segen[13] in den evangelischen Gottesdienst ein. Welchen Segen aber hat Lorbers Werk hinterlassen?

---

[13] Noch heute bittet der Pfarrer Gott um den Aaronitischen Segen für die Gemeinde: „Der Herr segne dich und behüte dich; der Herr lasse sein Angesicht leuchten über dir und sei dir gnädig; der Herr erhebe sein Angesicht über dich und gebe dir Frieden" (4. Mose 6,24–26).

Lutherbibel, Das Evangelium nach Johannes, Kapitel 2, Vers 17
Seine Jünger aber dachten daran, dass geschrieben steht
(Psalm 69,10): „Der Eifer um dein Haus wird mich fressen."

Erwin Mülhaupt (Hrsg.), D Martin Luthers Evangelien-Auslegung, Vierter Teil: Das Johannes-Evangelium mit Ausnahme der Passionstexte, Göttingen 1961, Seite 115–116 [Predigt 23.2.1538]
Die Jünger ärgerten sich selber an dieser Tat Jesu. Der Psalm
(69,10), in dem dieser Text geschrieben steht: „Der Eifer um dein
Haus hat mich gefressen" handelt ganz von Christus. Man muß
daran denken, daß auch das Volk in den Gesängen des Psalters
wohl bewandert war. Denn die Jünger sind sicherlich keine
Hohenpriester, sondern geringe, verachtete, arme Leute. So groß
ist also die Ehrfurcht vor dem Gottesdienst bei diesem Volk und
die feine Zucht darin. Das jüdische Volk war damals so geordnet,
wie jetzt unsere Kirche. In den meisten Städten gab es Priester
und Leviten, und nicht allein zu Jerusalem, sondern fast überall
gab es Synagogen, wo man sich versammelte. So baut man auch
jetzt solche Kirchen, wo man zusammenkommen und den Namen des Herrn preisen kann.

Wie ist aber diesen Jüngern in den Sinn gekommen, dieses
Psalmwort so anzuwenden? Es ist ein seltsames Wort: „Der Eifer
um dein Haus hat mich gefressen." Aber sie haben es in ihrer
Sprache leicht verstanden, was es bedeutet. Es ist nicht verwunderlich, daß Christus so handelt; wenn er gleich zuviel tut, so „eifert" er doch. Dieser Spruch geht alle Prediger an, sie müssen alle
Eiferer um das Haus Gottes sein. […]

Christus sah auf das Volk, das so verloren war, um deswillen
er doch gesandt war. So wie es allen frommen Bischöfen weh
ums Herz ist, so daß sie diesen Spruch leicht verstehen können.
Es heißt ganz richtig „gefressen", wenn die Frommen sehen müssen, daß die christliche Kirche so zugrunde gerichtet wird. […]

Jakob Lorber, Das große Evangelium Johannis, Band 1, Bietigheim 1967, Kapitel 13, Vers 15–17 (Auszug)

Aber die Reinigung machte ein großes Aufsehen, und die Jünger befürchteten heimlich, daß nun bald die Priesterschaft uns als Aufwiegler werde mit der römischen Wache gefangennehmen lassen und wir der schändlichsten Verantwortung und Züchtigung kaum entgehen dürften; denn es stehe geschrieben: „Der Eifer um Dein Haus hat Mich gefressen."

Ich aber sagte zu ihnen: „Sorget euch nicht! Sehet hinaus in die Vorhallen, und ihr werdet es erschauen, wie die Diener und Priester allertätigst bemüht sind, das verschüttete viele Geld der Wechsler aufzulesen und in ihre Säckel zu schieben! Sie werden uns der Beschädigten wegen wohl befragen, aus welcher Macht wir das getan haben, aber heimlich wird es ihnen ganz recht sein; denn die Tat trägt ihnen bei 1000 Säckel Goldes und Silbers und eine große Menge anderen Geldes, daß sie nimmer den Eigentümern zurückerstatten werden. Sie sind nun auch zu beschäftigt und haben keine Zeit, uns zur Verantwortung zu ziehen; auch werden sie in dieser Sache nicht leichtlich eine Klage anhören, so wie die Beschädigten, durch diese Lektion zu mächtig gewitzigt, auch nicht leichtlich so bald eine Klage wider Mich erheben werden. Seid daher nun nur ganz ruhig. […]

Einschätzung

Luther spannt in seiner Predigt den Bogen vom göttlichen Eifer Christi zu jedem Prediger: Ein Prediger solle vom Eifer ergriffen sein, und es solle ihn erschüttern, wenn er mit ansehen müsse, dass die christliche Kirche zugrunde gerichtet werde. Nach dem großen Aufsehen der Tempelreinigung fürchteten die Jünger, gezüchtigt zu werden, so liest man bei Lorber. Jesus habe sie mit dem Hinweis beruhigt, dass sich die Priester am Verschütteten bereichern würden und keine Zeit hätten, sie zur Verantwortung zu ziehen. Das ist eine Erklärung, die Verwirrung stiftet: Das jü-dische Volk besaß höchste Ehrfurcht vor dem Gottesdienst. Es war in den Gesängen der Psalter bewandert – den Jüngern fiel nach der Tempelreinigung sogar ein auf Christus deutender Psalmabschnitt ein. Die beschriebene Geldgier der Priester kommt somit einer Karikatur gleich.

Lutherbibel, Das Evangelium nach Johannes, Kapitel 2, Vers 18–22
Da fingen die Juden an und sprachen zu ihm: Was zeigst du uns
für ein Zeichen, dass du dies tun darfst? Jesus antwortete und
sprach zu ihnen: Brecht diesen Tempel ab, und in drei Tagen will
ich ihn aufrichten. Da sprachen die Juden: Dieser Tempel ist in
sechsundvierzig Jahren erbaut worden, und du willst ihn in drei
Tagen aufrichten? Er aber redete von dem Tempel seines Leibes.
Als er nun auferstanden war von den Toten, dachten seine Jünger
daran, dass er dies gesagt hatte, und glaubten der Schrift und dem
Wort, das Jesus gesagt hatte.

Erwin Mülhaupt (Hrsg.), D Martin Luthers Evangelien-Auslegung, Vier-
ter Teil: Das Johannes-Evangelium mit Ausnahme der Passionstexte, Göt-
tingen 1961, Seite 116–120 [Predigt 2.3.1538]
Dies Wort Christi war der Anlaß für das falsche Zeugnis der Juden, das sie dann bei der Passion Christi vorbrachten. Kein anderer von den Evangelisten beschreibt diese Geschichte. Gierig
griffen die Juden nach diesem Wort und bargen es bei sich zu
tiefst im Innern. Hier wird also berichtet, worauf sich jenes (falsche) Zeugnis gründet und woher es entstammt. Kaiphas, Hannas
und die Leviten trugen die Verantwortung um den Tempel; niemand sonst war er anvertraut. Die aber hatten geboten, daß man
dergleichen Handelsgeschäfte vor und im Tempel vornehmen
solle. Und nun fordern sie Rechenschaft von Christus, weil ja
ihnen allein das Regiment über den Tempel anbefohlen war. Sie
fordern also irgend ein Wunderzeichen von Christus, weil er wider ihr Gebot also gehandelt habe. Christus hätte nämlich zuerst
zu den Pharisäern herantreten, ein Wunderzeichen wirken und
sagen sollen: Seht, ich will dies Wunderzeichen tun, (damit ihr
erkennt), daß mir dieses Amt gegeben ist. Wir würden es ja auch
nicht leiden, wenn bei uns ein fremder Prediger wider unseren
Willen und unsere ausdrückliche Anordnung einbräche und ir-

gend etwas ändern wollte. (Sie sagen): Wirst du nicht ein Zeichen tun, dann wird der Henker dir einen Denkzettel geben; dann wollen wir dich dem Hannas überantworten; der soll dir tun, was dir gebührt. Darum gib ein Zeichen!

Aber der Herr antwortete seltsam und auf eine Weise, die dem Urteil der Vernunft lächerlich dünkt. „Brechet diesen Tempel, und am dritten Tag will ich ihn aufrichten." Wie paßt diese Antwort hieher? (Bedenke), Johannes war vorangegangen und hatte auf Christus gewiesen, daß er kommen werde; daher mußten sie ohne Zweifel auf den Gedanken kommen, daß er es nun wahrlich selber sei. Hätten sie nicht (auch wirklich) im Stillen damit gerechnet, dann wären sie auf gar keinen Fall so ruhig geblieben, sondern wären auf ihn eingedrungen. So aber war ihnen durch das Zeugnis des Johannes unwiderleglich deutlich dargetan, daß er Christus sei. Johannes hatte nämlich gesagt, Christus stehe vor der Türe und werde ihm auf dem Fuße folgen, so, daß auch er es noch erleben werde. […]

So ist Christus unser Tempel und unser Schloß, in dem wir weilen, so wie den Leuten zu Jerusalem und allen Völkern dort der Tempel gegeben war. Dahin sollten sie sich wenden, auch wenn sie noch so weit davon waren. Dahin sollten sie Augen und Herz kehren und sich nicht einen eigenen Tempel machen. Denn Gott wollte dort wohnen und sich finden lassen von denen, die ihn hier anriefen. Dieser Tempel aber sollte nun aufhören. Wo die liebe Menschheit Christi ist, da sollen wir zu Gott treten und ihn suchen. Wer Gott anrufen will, der soll so beten, daß er auf Christus aufsieht, der zur Rechten des Vaters sitzt, und die Augen seines Herzens gen Himmel kehrt. Da kommst du zum rechten Tempel. Anderswo wirst du den Tempel Christi nicht finden. Der Papst hat uns anderswohin auf einen falschen Weg geführt: nach Compostella, zu St. Jakob und St. Peter, wo nicht des Herrn Christus, sondern des Teufels Tempel ist. Du brauchst also nicht

Gott an bestimmten Orten in der Welt zu suchen, nicht in Compostella und dergleichen Orten; nein, kehre dein Angesicht und Herz gen Himmel zu Christus, der zur Rechten des Vaters sitzt. Er wird nicht allein zu Rom sein, sondern er ist bei Gott, Gott dem Vater gleich. Da treffen wir den rechten Tempel. Wir haben wohl das Glaubensbekenntnis hergesagt und waren doch so verblendet, daß wir Christus anderswo gesucht haben und sein Sitzen zur Rechten Gottes haben fahren lassen, was freilich vergebliche Mühe ist. Christi Leib ist der Tempel; darin wohnt die Gottheit und Dreifaltigkeit, so wie im Tempel in Palästina Gott zugegen war mit seinen Werken. Darum sagt hier Johannes: er redete von dem Tempel seines Leibes, um anzuzeigen: er ist der wahrhaftige Tempel Gottes, hier wohnt Gott wahrhaftig. […]

Jakob Lorber, Das große Evangelium Johannis, Band 1, Bietigheim 1967, Kapitel 14, Vers 1–13 (Auszug)

Sagte **Ich** darauf: „Es tut auch Mir von ganzem Herzen leid, daß Ich euch gar so entsetzlich blind und taub antreffen mußte! Denn wer blind ist, der sieht nichts, und wer taub und stumm ist, der vernimmt nichts! Ich tue vor euren Augen ein Zeichen, das vor Mir keiner getan hatte, und rede die vollste Wahrheit, und ihr saget, Ich sei entweder ein dummer, in der heidnischen Zauberei bewanderter Prahler und wolle Mich hier vor euch batzig machen, oder Ich sei als Zauberer im Solde Roms oder im schnöden Solde der Tempelpfaffen. O welch ein schmählich Ansinnen! – Da sehet hin, dort steht eine ganz bedeutende Schar, die Mir aus Galiläa hierher gefolgt ist! Sie hat Mich erkannt, obschon ihr saget, daß die Galiläer das glaubensloseste und schlechteste Judenvolk seien. Diese aber erkannten Mich dennoch und folgen Mir; wie ist es denn, daß ihr Mich nicht erkennen möget?"

Sagen die **Juden:** „Wir wollten dich ja auch erkennen und forschten dich darum aus; denn wir sind weder blind noch taub, wie du meinst. Du aber gabst uns eine Antwort, aus der man natürlichen Verstandes denn doch nichts anderes machen kann, als was wir offen dir ins Gesicht bekannt haben! Wir haben einen guten Willen; warum, so du allenfalls ein Prophet bist, verkennst du diesen? Wir sind Ehrenmänner von Jerusalem und haben viele Güter. So du ein rechter Prophet wärest, da hättest du gut sein in unserer Mitte; du aber erkennst solches nicht und bist daher auch kein Prophet, sondern ein purer Magier, der den Tempel mehr entheiligt als jene, die von dir früher hinausgetrieben worden sind!"

Sage **Ich:** „Gehet hin und beratet euch mit denen, die mit Mir gekommen sind; diese werden es euch sagen, Wer Ich bin!"

Die Juden gehen nun zu den Jüngern und befragen sie; diese aber sagen, was sie von Mir am Jordan gehört, das Zeugnis Johannis, und was sie an Meiner Seite gesehen und erlebt haben, gestehen aber dabei auch, daß sie das nicht fassen, was Ich zu den Juden gesagt habe.

Denn sie selbst begriffen das erst nach Meiner, nach drei Jahren erfolgten allerwunderbarsten Auferstehung und also auch die Schrift, die solches von Mir vorhergeweissagt hatte.

Als die **Juden** alles das erfuhren von den Jüngern, kamen sie abermals zu Mir und sagten: „Nach allem dem, was wir nun von Deiner sehr treuherzigen Schar über Dich in Erfahrung gebracht haben, so wärest Du offenbar der Verheißene! – Das Zeugnis Johannis, den wir kennen, spricht gewaltig für Dich, und Deine Taten nicht minder; aber Deine Rede ist gerade das Gegenteil von all dem andern. – Wie kann der Messias in den Taten ein Gott und in der Rede ein Narr sein? – Erkläre uns das, und wir alle nehmen Dich an und wollen Dich mit allem Möglichen unterstützen!"

Sage **Ich:** „Was möget ihr Mir geben, das ihr nicht zuvor empfangen hättet von Meinem Vater, Der im Himmel ist? So ihr es aber empfangen habet, wie möget ihr nun also reden, als ob ihr es nicht empfangen hättet?! Was wollt ihr Mir geben, das da nicht Mein wäre?! Denn was des Vaters ist, das ist auch Mein; denn Ich und der Vater sind nicht Zwei, sondern Eins! Ich sage euch: Nichts als der Wille allein ist euer, alles andere aber ist Mein. Gebet ihr Mir euren Willen in der rechten Liebe eures Herzens und glaubet ihr, daß ich und der Vater vollkommen Eins sind, dann habt ihr Mir alles gegeben, was Ich von euch verlangen kann!" […]

Einschätzung

Nach Luthers Auslegung forderten die Juden für die Tat Christi im Tempel ein Zeichen, stattdessen erhielten sie eine für sie unverständliche Antwort. Und doch sei mit dem Tod und der Auferstehung Christi das Zeichen Gottes geschehen, denn Christus verkörpere den Tempel Gottes. Nach Lorbers Erklärung bedauerte Jesus, die Juden so blind und taub antreffen zu müssen. Nur ihr Wille sei ihr Eigenes, sprach Jesus. Sie sollten daran glauben, dass er und der Vater eins seien. In diesem unbiblischen Dialog werfen sich Jesus und die Juden gegenseitig Blindheit vor, und es mutet geradezu ironisch an, dass die Juden auf die Verrichtung eines Zeichens bestehen, anstatt ihn steinigen zu wollen aufgrund seiner blasphemischen Aussage, er und der Vater seien eins.

Lutherbibel, Das Evangelium nach Johannes, Kapitel 2, Vers 23
Als er aber am Passahfest in Jerusalem war, glaubten viele an seinen Namen, da sie die Zeichen sahen, die er tat.

Erwin Mülhaupt (Hrsg.), D Martin Luthers Evangelien-Auslegung, Vierter Teil: Das Johannes-Evangelium mit Ausnahme der Passionstexte, Göttingen 1961, Seite 120–122 [Predigt 16.3.1538]
Demnach darf man also nicht sagen: Der Papst irrt nicht, die Väter irren nicht. Thomas hat die Wahrheit geschrieben, weil (seine Bücher) vom Papst gebilligt werden. Nein, du mußt einen Prüfstein nehmen, mußt Papst, Christus und sein Evangelium miteinander vergleichen, ob sich denn auch dergleichen Lehren mit dem Evangelium reimen. Ist's so, dann darf man beides annehmen; wo nicht, muß man das andere verwerfen. Ambrosius und Augustin sollen weichen, sofern sie etwas aus ihrem Eigenen dazu setzen. Sagt einer: was der Papst verkündigt, ist Weissagung; dann sehe er zu, daß nur eine solche (aus dem Schrein seines Herzens) hervorkommt, die dem Glauben gemäß ist. Darauf hat man unter dem Papsttum nicht geachtet. Sonst wäre die Kirche nicht so jämmerlich zerrissen und zerstört worden.

Ich gehe nun seit zwanzig Jahren mit dem Evangelium um; dennoch bringe ich's nicht fertig, die Väter gänzlich aus meinem Sinn zu vertreiben, wenn ich auf ihre Lehre und ihr Leben sehe; sie waren doch in der wahren Kirche, wie sie zu jener Zeit bestand. Und doch muß man's tun. Ambrosius und Bernhard sind rechtschaffene und fromme Männer, aber sie sind deswegen doch nicht Gott. Darum darf man nicht auf sie hören, sondern auf Gott (allein). Was ich dir gebiete, das tue und nicht mehr noch weniger. So sagt Moses, so spricht Gott selbst: „Den sollt ihr hören!" (Mt. 17,9), nämlich Christus. Warum sollen wir denn von ihm weichen? Warum sollen wir nicht bei ihm bleiben? Der Papst drängt sich in die Ehre ein, die Christus gebührt, er will für Christus (selbst) gehalten werden. Darf man so etwas zulassen? Wer hat es denn ihn also geheißen? Wer hat's ihm befohlen? Er sollte doch ein Diener sein und nicht Gott. Christus hat die Speisen erlaubt: „Was euch vorgetragen wird, das esset" (Lk. 10,8). Aber der Papst verbietet's, daß man sich vom Fleische nährt. Wer hat ihm denn dazu die Vollmacht gegeben? […]

Jakob Lorber, Das große Evangelium Johannis, Band 1, Bietigheim 1967, Kapitel 15, Vers 1–3

Ich sage es euch: „Es ist nun Ostern, und Ich werde Mich diese Zeit durch hier in Jerusalem aufhalten; gehet dahin, wo Ich sein werde, und ihr werdet der rechten Zeichen sehen in großer Menge! Aber sehet selbst zu, ob euch die Zeichen nicht töten werden!"

Auf diese Rede machten die Juden große Augen; Ich aber verließ sie und ging mit Meinen Jüngern aus dem Tempel ins Freie. Die **Juden** aber folgten Mir ganz heimlich nach, denn gar zu offenbar getrauten sie sich nicht, Mir nachzufolgen, da Ich vom ‚Töten durch Meine Zeichen' geredet hatte. Sie aber verstanden darunter nicht das Töten des geistigen Elements, sondern das Töten des Leibes, und sie waren, wie alle Reichen der Erde, große Freunde des irdischen Lebens.

Einer jedoch ging außer dem Tempel zu Mir hin und sagte: „Meister, ich habe Dich erkannt und möchte um Dich sein; wo bist Du zur Herberge?"

Einschätzung

Luther zeigt in seiner Predigt, dass wir nichts auf das Zeugnis von Menschen geben sollten. So seien selbst die Kirchenväter fehlbar – und das trotz ihrer langjährigen Beschäftigung mit dem Evangelium. Lorber zufolge verspricht Jesus den bei ihm weilenden Juden „Zeichen in großer Menge", warnt jedoch davor, dass diese Menge ein „Töten des geistigen Elements" bewirken könne.

Wenn sogar die abweichenden Lehren der Kirchenväter zu verwerfen seien, um wie viel mehr dann der spekulierende Dialog
über die „Zeichen in großer Menge" – glaubte man gemäß der
Heiligen Schrift in Jerusalem doch bereits durch wenige Zeichen
an den Namen Jesu.

Lutherbibel, Das Evangelium nach Johannes, Kapitel 2, Vers 24–25
Aber Jesus vertraute sich ihnen nicht an; denn er kannte sie alle und bedurfte nicht, dass ihm jemand Zeugnis gab vom Menschen; denn er wusste, was im Menschen war.

Erwin Mülhaupt (Hrsg.), D Martin Luthers Evangelien-Auslegung, Vierter Teil: Das Johannes-Evangelium mit Ausnahme der Passionstexte, Göttingen 1961, Seite 123–124 [Predigt 23.3.1538]
Diesen Spruch wollen wir uns wohl merken und uns einbläuen, daß wir gerüstet sind, denen zu antworten, die schreien: „Kirche, Kirche, Papst, Papst! „Christus wußte wohl, was im Menschen war." Er war selber Gott, der Herzenskündiger. Damit ist aber angezeigt, daß die Christenmenschen oder Gläubigen nur Menschen sind und daß sie Menschen bleiben, wenn sie Gläubige sind; d. h. daß sie irren können, weil sie immer noch schwach sind und noch viel an ihnen zu reinigen ist, was ausgefegt werden muß, damit wir neue Menschen werden, gereinigt durch das Feuer des Heiligen Geistes. Doch sollen wir unterdessen so gesinnt sein, daß wir uns selbst nicht trauen, sondern uns vielmehr an Christus halten. Gideon, der mit einer Handvoll Männer soviele Midianiter geschlagen hatte, war wohl ein frommer Mann, dennoch fiel er in Irrtum damit, daß er eine Kapelle errichtete, so daß sein ganzes Geschlecht ausgerottet wurde und sein Sohn seine achtzig Brüder tötete (Ri. 8,30; 9,5). Petrus hinkte auf beiden Seiten (Gal. 2,11). Paulus klagt, er könne der Sünde nicht mächtig werden, wenn er im Herzen dawider streite (Röm. 7,23). David stand am wenigsten auf sicheren Füßen und tat einen schweren Fall (2. Sam. 11). So ist's auch mit allen anderen Heiligen. Ebenso werden auch wir ermahnt, daß wir nicht Menschen oder uns selber trauen. Man darf nicht darauf sehen, was Augustin, Ambrosius, Bernhard und Antonius gelehrt haben, weil man daran denken muß, daß diese heiligen Männer auch nicht heiliger als Petrus,

Paulus und Gideon gewesen sind, sie also irren können, während Christus als das unschuldige Lamm Gottes nicht irren kann; daß man also auf ihn allein hören muß und die Schriften der anderen nur insoweit billigen darf, als sie mit diesem Herrn Christus übereinstimmen. […]

Jakob Lorber, Das große Evangelium Johannis, Band 1, Bietigheim 1967, Kapitel 15, Vers 4–15; Kapitel 16, Vers 1–19 (Auszug)
Ich aber sah, daß in ihm kein Ernst und seine Absicht, Meine Herberge auszukundschaften, keine redliche war, darum sagte **Ich** zu ihm, wie hernach noch zu manchen ähnlichen unlauteren Forschern den bekannten Aphorismus: „Die Vögel haben ihre Nester und die Füchse ihre Löcher; aber des Menschen Sohn hat nicht einen Stein, daß Er darauf hinlege Sein Haupt, und hier in dieser Stadt schon am allerwenigsten. Gehe aber hin und mache zuvor rein dein Herz; dann komme mit einer redlichen, aber mit keiner verräterlichen Absicht und magst dann zusehen, wie du an Meiner Seite bestehen wirst!"

Dieser aber sagte: „Meister, Du irrest Dich an mir und Meinen Freunden; so Du keine Herberge hast, da komme zu uns, und wir wollen Dir und Deinen Jüngern und sonstigen Freunden Herberge schaffen und euch verpflegen, so lange ihr wollt!" […]

Von der ersten Begebenheit zu Kana in Galiläa ist der geistige Sinn bereits gegeben worden; somit haben wir nur noch den geistigen Sinn der zweiten Begebenheit darzutun, und dieser ist folgend also gestaltig:

Der Tempel stellt den Menschen dar in seiner naturmäßigweltlichen Sphäre. In dem Tempel aber wie im Menschen befindet sich ein Allerheiligstes; deshalb soll aber auch das Äußere des Tempels geheiliget und lauter gehalten werden, auf daß das Innerste als Allerheiligstes des Tempels wie des Menschen nicht entheiliget werde!

Es ist das Allerheiligste des Tempels zwar wohl durch einen starken Vorhang bedeckt, und es darf nur zu gewissen Zeiten der oberste Priester allein in das Allerheiligste treten. Aber der Vorhang und ebenso der nun selten gestattete Besuch des Allerheiligsten ist ein Schutz vor der Entheiligung des Allerheiligsten; denn so da jemand mit seinem Leibe sündigt, da verunreinigt er nicht nur den Leib, sondern auch seine Seele und durch sie auch seinen Geist, der in jedem Menschen das Innerste und Allerheiligste darstellt und es auch wirklich ist. Es ist im Menschen dieses Allerheiligste, so wie ebendasselbe entsprechend im Tempel, tiefst hinter einen starken Vorhang gestellt, und nur der alleinigen Liebe zu Gott, die ein echtester Oberpriester Gottes in jeglichem Menschen ist, ist es gestattet, straflos in dies Allerheiligste zu dringen und zu lüften den Vorhang; so aber dieser einzige Oberpriester im Menschen selbst unrein wird, indem er sich an unreine weltliche Dinge hängt und mit ihnen eine gemeine Sache macht, wie soll da das Allerheiligste unentheiligt bleiben, so es von einem unreinen Oberpriester besucht wird?!

Wenn sonach im Tempel wie im Menschen alles unrein geworden ist, dann kann es vom Menschen aus auch nicht mehr gereinigt werden; denn so der Besen voll Kot und Unflates ist, wie soll er taugen zur Reinigung eines Gemachs?! Da muß dann leider Ich Selbst die Hand ans Werk legen und mit Gewalt den Tempel reinigen, und zwar durch allerlei schmerzliche Dinge, als da sind Krankheiten aller Art und andere scheinbare Unglücksfälle, auf daß der Tempel rein werde. […]

Das ist demnach der geistige Sinn der vorliegenden Tempelreinigung; und aus der richtigen und unwandelbaren Entsprechung zwischen dem Menschen und Tempel läßt sich auch erkennen, daß derart nie ein Mensch, sondern nur Gott allein die ewige Weisheit, die alles sieht und kennt, also handeln und reden kann. […]

Der Herr darf Sich sonach dem gewaltsam gefegten inneren Menschen noch nicht anvertrauen; denn Er allein weiß es, was zur vollen Herstellung des inneren Menschen nötig ist. Daher geht der Feger wieder aus dem Tempel und fließt wie zufällig von außen herein in das Innere des Menschen ein und fügt sich nicht den Anforderungen des Menschen, daß Er bei und in ihm bliebe und ihn unterstütze in der Trägheit, sondern da muß der Mensch wieder zur vollen Selbsttätigkeit erwachen und durch sie erst ein vollkommener Mensch werden, wie solches im nächsten Kapitel auch näher dargestellt wird.

Einschätzung
Luther vertieft und belegt anhand der Schrift und der Heiligen, dass wir weder uns selbst noch anderen Menschen vertrauen sollten, da wir alle sündhaft und irrbar seien. Dies gelte auch für die Aussagen der Heiligen, wenn diese uns nicht zu Christus, sondern zu sich selber führten. Lorber geht auf die Falschheit eines Juden und vor allem auf den geistigen Sinn ein. Nach seiner Erklärung dringt der Mensch erst zum geistigen Sinn vor, wenn er von allem Kot und Unflat gereinigt ist. Es erscheint allerdings tückisch, geistigen Sinn in Form von Entsprechungen aus biblischer Vorlage zu erklären: Beim religiösen Fabulieren wird auch eine Fäkalsprache verwendet und als Weisheit Gottes ausgegeben, die aber dem heiligen Ernst des Herrn bei der Tempelreinigung nicht gerecht wird.

2.2.2 Kommentar

Luther verwirft in seinen Auslegungen alle Aussagen der Heiligen, die nicht auf Christus weisen; er vertritt das reformatorische Verständnis „solus Christus". Mit beeindruckender Sprachgewalt speist sich seine Dichtergabe aus der Schrift und weist stets in die Schrift und somit zu Christus. So greift Luther das Bild von Braut und Bräutigam auf: Die Christenheit verkörpert die Braut, Christus den rechten Bräutigam. Die Tempelreinigung versteht Luther als Warnung: Das geistliche Schwert, das Wort Gottes, ist entscheidend, es darf aber nicht zur Rechtfertigung äußerer Gewalt dienen.

Lorber greift in seiner Erklärung die mystische Tradition von der Lehre der Entsprechungen auf. Bei den beschriebenen biblischen Ereignissen geht es nicht mehr hauptsächlich um Christus, sondern um den Menschen und sein Mitwirken am Heil. Die Entsprechungen sind in sich schlüssig, führen jedoch nicht in die Schrift und somit zu Christus, sondern ermutigen vielmehr dazu, eigene Entsprechungen in der Schrift zu entdecken. Beim ersten Zeichen steht nicht mehr die Herrlichkeit Christi im Vordergrund, sondern die menschliche Wiedergeburt des Geistes. Bei der Tempelreinigung dominiert nicht mehr die Vollmacht Christi, sondern die Entsprechung zwischen Tempel und dem Menschen. An den reformatorischen Grundsatz *sola fide* erinnert damit kaum noch etwas. Es erscheint jedoch illusorisch, dass der Mensch mit seinem eigenen Bemühen die naturmäßige Sinnlichkeit in Geist verwandeln könnte. Lorber betont zudem, dass derartige Entsprechungen nur aus Gottes Weisheit entspringen können. Eine Erklärung, die ebenfalls sehr bedenklich stimmt und an die Warnung erinnert, die Lorber in der Einführung zum Werk an alle „Unwürdigen" richtet.

2.3 Das dritte Kapitel

2.3.1 Quellen und Einschätzungen

Lutherbibel, Das Evangelium nach Johannes, Kapitel 3, Vers 1–15
Es war aber ein Mensch unter den Pharisäern mit Namen Nikodemus, einer von den Oberen der Juden. Der kam zu Jesus bei Nacht und sprach zu ihm: Meister, wir wissen, du bist ein Lehrer, von Gott gekommen; denn niemand kann die Zeichen tun, die du tust, es sei denn Gott mit ihm. Jesus antwortete und sprach zu ihm: Wahrlich, wahrlich, ich sage dir: **Es sei denn, dass jemand von Neuem geboren werde, so kann er das Reich Gottes nicht sehen.**

Nikodemus spricht zu ihm: Wie kann ein Mensch geboren werden, wenn er alt ist? Kann er denn wieder in seiner Mutter Leib gehen und geboren werden? Jesus antwortete: Wahrlich, wahrlich, ich sage dir: **Es sei denn, dass jemand geboren werde aus Wasser und Geist, so kann er nicht in das Reich Gottes kommen.** Was vom Fleisch geboren ist, das ist Fleisch; und was vom Geist geboren ist, das ist Geist. Wundere dich nicht, dass ich dir gesagt habe: Ihr müsst von Neuem geboren werden. Der Wind bläst, wo er will, und du hörst sein Sausen wohl; aber du weißt nicht, woher er kommt und wohin er fährt. So ist es bei jedem, der aus dem Geist geboren ist.

Nikodemus antwortete und sprach zu ihm: Wie kann dies geschehen? Jesus antwortete und sprach zu ihm: Bist du Israels Lehrer und weißt das nicht? Wahrlich, wahrlich, ich sage dir: Wir reden, was wir wissen, und bezeugen, was wir gesehen haben; ihr aber nehmt unser Zeugnis nicht an. Glaubt ihr nicht, wenn ich euch von irdischen Dingen sage, wie werdet ihr glauben, wenn ich euch von himmlischen Dingen sage? Und niemand ist gen

Himmel aufgefahren außer dem, der vom Himmel herabgekommen ist, nämlich der Menschensohn.

Und wie Mose in der Wüste die Schlange erhöht hat, so muss der Menschensohn erhöht werden, damit alle, die an ihn glauben, das ewige Leben haben.

Erwin Mülhaupt (Hrsg.), D Martin Luthers Evangelien-Auslegung, Vierter Teil: Das Johannes-Evangelium mit Ausnahme der Passionstexte, Göttingen 1961, Seite 133–145 [Predigt 27.5.1526]

In diesen drei Tagen haben wir genug vom Heiligen Geiste gehört, obschon darüber noch viel zu predigen wäre, wenn wir auf der Apostel Predigten sehen, aber ihr könnt darüber aus den täglichen Lesungen der Apostelgeschichte hören.

Dies ist ein über die Maßen schönes Evangelium, darin uns ein schönes geistliches Spiel vorgehalten wird, wie die größte Frömmigkeit auf Erden und die rechte Wahrheit wider einander anlaufen. Nikodemus wird von Johannes gerühmt, daß er ein großer Mann im äußerlichen Regiment und auch in einem schönen (geistlichen) Leben gewesen ist; das heißt, er ist ein Ratsherr und (dazu) ein Pharisäer gewesen, der Gelehrtesten einer; denn einen Pharisäer hielt man damals für den klügsten Mann. Dazu war er der Frömmsten einer; denn diese Sekte hielt man auch für die heiligste. Nach dem Regiment gilt er als der Oberste, nach der Weisheit als der Gelehrteste, nach der Gerechtigkeit als der Heiligste. Und wodurch allein er weit über diese Drei hinausragte, er hatte darüber hinaus Wohlgefallen an der Lehre und den Wunderzeichen Christi. […]

„Wahrlich, wahrlich, ich sage dir: Es sei denn, daß jemand von neuem geboren werde, so kann er das Reich Gottes nicht sehen." Das war ein harter Text und eine scharfe Antwort auf einen solchen freundlichen Gruß. Nikodemus meint, er sei schon im Reiche Gottes, aber Christus sagt, daß er nichts von Gott weiß und das Reich Gottes nicht sehen kann und von neuem geboren werden muß. Das ist ein feines Stück. Hätte er gesagt: Du mußt etwas anders tun, mußt so und so fasten, und hätte er ihm eine feine Lehre vorgehalten, dann hätte Nikodemus gesagt: O, das habe ich alles getan, ich habe viel gefastet – die Pharisäer fasteten nämlich und beteten wie die Kartäuser. Aber Christus nimmt ihn beim Kopf und schleudert ihn weg mitsamt seinen Werken und seiner Klugheit. Was ist damit anders gesagt als dies: Nicht allein deine Werke sind verdammt und du samt ihnen; du mußt auch von Grund deines Wesens, darin du lebst, neu werden. Der Baum mitsamt seinen Früchten muß zugrunde gehen. Das heißt eine unfreundliche Antwort auf eine solch brüderliche Heimsuchung geben. Nikodemus lobt Christus. Er aber sagt: Du bist ein schändlicher Mann; du willst von Gott wissen und sagen, daß ich von Gott gekommen bin; du hast das Läuten wohl gehört, aber nicht das Zusammenschlagen. Solcher Art sind die Leute, die heute das Evangelium liebhaben. Die müssen sich das Urteil gefallen lassen, das Nikodemus zu hören bekommt. Mt. 7,21: „Es werden nicht alle, die zu mir sagen: Herr, Herr! in das Himmelreich kommen." Ach, wieviele gibt es unter uns, die meinen, wenn sie das Evangelium nicht verfolgen, (dann seien sie unsträflich); sie sind sicher und meinen, sie seien wohl daran. Christus aber sagt: Es gilt mehr! Sieh nur, was Nikodemus sagt: Du bist ein Lehrer von Gott gekommen und redest die Wahrheit (Lk. 20,21). Aber das rechte Herz ist immer noch nicht dabei, weil er noch nicht von neuem geboren ist. Du sagst wohl, daß ich Gottes Sohn bin und hast Lust an meinem Wort. Aber erst dann, wenn du glaubst und mein Wort hältst, bist du ein neuer Mensch. So wird er auch zu uns sagen: Bilde dir nicht ein, daß du alles weißt; du bist immer noch blind; es muß anders mit dir werden, du mußt ein neuer Mensch werden. Daran liegt es nicht, daß du neue Worte reden kannst, du mußt die alten Haut ausziehen. Sieh nur den Pharisäer an, der unsträflich ist, der muß ganz und gar zunichte werden, daß er sage: ich will gerne lernen, ich weiß nichts Gutes; ich weiß nur, daß ich von Grund auf ein Kind werden muß. […]

„Niemand", spricht Christus, „fährt gen Himmel, denn der vom Himmel herniedergekommen ist, nämlich des Menschen Sohn, der im Himmel ist." Da siehst du, daß er es ganz und gar auf sich als auf die einige Person bezieht, was zuvor geredet ist von der neuen Geburt und das Reich Gottes sehen oder in den Himmel kommen, und schließt kurz, daß niemand Gottes Reich sieht noch gen Himmel kommt als allein der, der herabgefahren ist. Das heißt: Wenngleich ein Mensch, der gehört hätte, daß wir allzumal Fleisch sind, so vermessen wäre und wollte dahin dringen, daß er möchte geistlich geboren werden und Gottes Reich sehen, so ist's doch vergeblich und verloren; die Türe zum Himmel ist zu fest zugeschlossen, daß niemand hineinkommt als der Mensch Christus …

Fragst du nun: Wie kommen wir denn in den Himmel hinauf, weil es dürr abgeschlagen ist, daß niemand da hineinkommen kann als Christus allein? Da ist keine andere Weise als die, daß wir uns durch Christus hinaufschleifen und so hineintragen lassen. Er hat die Brücke hinauf gemacht. Und sollte es ihm auch einer nachtun wollen, wir müssen wohl heruntenbleiben beim Teufel und werden ihm nicht nachgehen. Wenn er uns aber auf dem Rücken nimmt und trägt, so können wir mit ihm hinaufkommen. Das Wort ascendere „hinauffahren" deutet auf eigene Gewalt. Nun hat er allein die Gewalt und Herrschaft über den Himmel; darum fahren wir nicht hinauf, sondern wir werden hinaufgetragen. […]

So komme ich in den Himmel, daß ich mich an Christus hänge, der im Himmel ist, herab- und hinauffährt; ich werde von ihm getragen und komme auch mit hinauf, Gott gebe, es sei gen

Himmel gefahren oder geführt, daß ich nur darinnen bin. Siehe, das ist die Figur, darin Christus so fein abgemalt ist: Ohne alle Sünde den Sündern gleich, wie einer, der voller Sünde ist. So trägt er die Sünden und doch sind sie nicht schädlich, sondern er hilft allen Sündern, die da glauben, auf daß sie das ewige Leben haben, daß sie nicht mehr Fleisch sind, sondern neu geboren und mit Christus im Himmel. Das sind ja allzumal solche Worte, aus denen sich gewaltig der Schluß ergibt, daß all unser Wesen nichts ist. Wenn er's gibt, der hat's und es bleibt bei ihm. So bleibt beides, daß ich nimmer gen Himmel fahre und doch hineinkomme. Er fährt allein zum Himmel, aber durch sein Heben und Ziehen komme ich mit-hinein. Das sei von diesem Evangelium gesagt …[14].

Jakob Lorber, Das große Evangelium Johannis, Band 1, Bietigheim 1967, Kapitel 17–20 (Auszug)

Und sie fragten und sagten: „Ist der Tempel nicht groß und herrlich, in dem Jehova wohnt?" – Sagte **Ich:** „Er sollte drinnen wohnen; aber da ihr den Tempel entheiligt habt, verließ Er diesen und wohnt nicht mehr drin, und die Lade Mosis ist leer und tot!"

Sagen **die Nachtwandler:** „Was redest Du hier für frevelhaftes Zeug zusammen? Weißt Du denn nicht, was Gott zu David und Salomon geredet hat? Kann das, was Gott geredet, je unwahr werden? Wer bist Du denn, daß Du Dich getrauest, solches vor uns zu reden?!"

Sage **Ich:** „So gut Ich in und aus Mir Selbst die Macht und Kraft habe, bloß durch Meinen Willen und durch Mein Wort alle Kranken zu heilen, die zu Mir kommen, ebenso habe Ich auch die Macht und die Kraft und das vollste Recht, solches vom

---

[14] Es folgt noch ein kurzes Wort zum Fest und zum Geheimnis der Heiligen Dreifaltigkeit.

Tempel vor euch zu reden, und sage euch nochmals, daß nun auch euer Tempel vor Gott eine Greuel ist!"

Hier fingen einige an zu murren, **andere** aber sagten: „Das ist offenbar ein Prophet, und diese haben sich über den Tempel noch allezeit ungünstig geäußert! Lassen wir ihn gehen!" Und so zogen diese Nachtwandler wieder ab.

Es kam aber in der vorletzten Nacht Meines Aufenthaltes in der Nähe von Jerusalem ein gewisser Nikodemus ebenfalls in der Nacht zu Mir, weil er auch ein Vornehmer Jerusalems war; denn er war fürs erste ein Pharisäer, also ungefähr in Amt, Würde und Ansehen das, was gegenwärtig in Rom ein Kardinal ist, und fürs zweite war er als ein reichster Großbürger Jerusalems auch der Oberste der Juden in dieser Stadt; er war der oberste Bürgermeister über die ganze Stadt, von Rom aus dazu bestimmt.

Dieser, als der Chef Jerusalems in bürgerlicher Hinsicht, kam also selbst in der Nacht zu Mir hinaus und sprach sogleich zu Mir: „Meister! Vergib es mir, daß ich so spät in der Nacht zu Dir komme und Dich störe in Deiner Ruhe; da ich aber vernahm, daß Du diese Gegend verlassen wirst schon des morgigen Tages, so konnte ich nicht umhin, Dir meine gebührende Achtung zu bezeugen. Denn siehe, ich und mehrere meines Amtes wissen es nun, nachdem wir Deine Taten beobachtet haben, daß Du als ein ganz echter Prophet, von Gott gesandt, zu uns gekommen bist! Denn die Zeichen, die Du tust, kann niemand verrichten, außer es ist Jehova mit ihm! Da Du sonach ein offenbarer Prophet bist und sehen mußt, wie sehr wir im Argen liegen, uns aber dennoch durch Deine Vorgänger das Gottesreich verheißen ist, so sage mir gefälligst, wann dieses kommen wird, und so es kommt, wie man beschaffen sein muß, um in dasselbe zu gelangen?" [...]

Auf diese abermalige Frage gab Ich dem Nikodemus genau wieder die Antwort, wie sie in vorstehendem 5. Verse vorkommt; sie ist von der ersten nur dadurch unterschieden, daß es hier näher bestimmt wird, woraus man eigentlich wiedergeboren werden muß, um ins Gottesreich zu kommen, nämlich aus dem Wasser und aus dem Geiste, was soviel sagen will als:

Die Seele muß mit dem Wasser der Demut und Selbstverleugnung gereinigt werden (denn das Wasser ist das urälteste Symbol der Demut; es läßt alles aus sich machen, ist zu allem dienstfertig und sucht sich stets die niedersten Stellen der Erde aus und fliehet die Höhen) und dann erst aus dem Geiste der Wahrheit, die eine unreine Seele nie fassen kann, da eine unreine Seele gleich ist der Nacht, während die Wahrheit eine Sonne voll Lichtes ist, die allenthalben Tag um sich verbreitet.

Wer demnach in seine durch die Demut gereinigte Seele die Wahrheit aufnimmt und diese tatsächlich als solche erkennt, den macht dann ebensolche Wahrheit im Geiste frei, und diese Freiheit des Geistes oder das Eingehen des Geistes in solche Freiheit ist dann auch das eigentliche Eingehen in das Reich Gottes.

Aber eine solche Erklärung gab Ich freilich dem Nikodemus nicht, und das darum nicht, weil er sie in seiner Erkenntnissphäre noch weniger begriffen hätte als den kurzen verhüllten Grundsatz selbst. Er fragt Mich daher auch wieder, wie solches zu verstehen wäre. […]

Sage **Ich** zu ihm: „Aber – ein weisester Meister in Israel bist du und kannst solches nicht fassen und begreifen?! – Wenn aber du das nicht fassen kannst als ein Meister der Schrift, was soll dann erst mit vielen anderen werden, die von der Schrift kaum so viel wissen, daß es einst einen Abraham, Isaak und Jakob gegeben habe?

Wahrlich, wahrlich, glaube es Mir! Wir, d. i. Ich und Meine Jünger, die wir vom Geiste hergekommen sind, reden hier mit dir nicht etwa rein geistig, sondern ganz naturgemäß und geben dir in Naturbildern der Erde das kund, was wir wissen und gesehen haben im Geiste, und ihr könnet das nicht fassen und annehmen!

So ihr aber schon so etwas Leichtes in faßlicher Rede nicht fassen und begreifen möget, da Ich doch in ganz irdischer Weise mit euch rede von geistigen Dingen, die dadurch ordentlich zu irdischen Dingen werden, nun so möchte Ich wissen, wie euer Glaube sich gebärden würde, so ich von himmlischen Dingen rein himmlisch zu euch reden möchte!

Ich sage dir: Der Geist, der in und aus sich selbst Geist ist, weiß es allein, was im Geiste ist und was sein Leben! Das Fleisch aber ist nur eine äußerste Rinde und weiß nichts vom Geiste, außer der Geist offenbart es der Hülle, der Rinde; dein Geist aber ist noch zu sehr von deinem Fleische beherrscht und verdeckt, und es weiß daher nichts von ihm. Es wird aber die Zeit kommen, in der dein Geist, wie Ich dir schon gesagt habe, frei wird; dann wirst du unser Zeugnis begreifen und annehmen!" […]

Sagt **Nikodemus:** „Lieber Meister! Wie sollte, wie könnte ich das?! In Dir ist eine eigene Art Weisheit; wie ich Dir schon einmal bemerkt habe, so könnte ich leichter die alte ägyptische Vögelschrift lesen als verstehen Deine Weisheit! Ich muß es Dir nun offen bekennen, daß ich, so mich nicht Deine gewaltigen Taten an Dich für einen Narren oder Streichmacher halten müßte; denn in Deiner Weise hat doch nie ein vernünftiger Mensch geredet! Aber Deine Taten zeigen, daß Du als ein Lehrer von Gott zu uns gekommen bist und in Dir eine Fülle göttlicher Macht und Weisheit vorhanden sein muß, ohne die es niemand möglich ist, solche Taten zu vollführen.

Wo aber das Eins rein göttlich ist, da muß auch das Zwei göttlich sein. Deine Taten, lieber Meister, sind göttlich, und so muß auch Deine Lehre vom Gottesreiche auf Erden göttlich sein, ob ich sie fasse oder nicht! Betrachte ich aber nur ein wenig weltlich die Thesis (aufgestellten Satz; d. Hsg.): „Niemand fährt gen Himmel, außer Der vom Himmel herniedergekommen ist!" – das sei nämlich des Menschen Sohn, der gleichfort im Himmel ist –, so bin ich rein verloren! Lieber Meister, seit Henoch und Elias ist wohl noch keinem Menschen der Erde das Glück widerfahren, sichtbar aufzufahren in die Himmel; Du kannst vielleicht der dritte werden!? Und so Du vielleicht der dritte würdest, möchte das wohl etwas nützen allen anderen Menschen, die, weil sie nicht aus den Himmeln herabgekommen sind, somit auch nicht in die Himmel je gelangen können?! […]

Was Du aber mit der Erhöhung des Menschensohns, die gleich jener der ehernen Schlange Mosis in der Wüste sein soll, meinst, und wie und warum alle das ewige Leben haben sollen, die an diesen schlangenartig erhöhten Menschensohn glauben, das geht schon ins Parabolische über, das heißt, in ein Etwas, das in sich der barste Unsinn ist! Wer ist dieser Menschensohn? – Wo ist Er nun? – Was macht Er? – Kommt auch Er gleich Henoch und Elias aus den Himmeln? – Wird Er erst geboren werden? – Was sollen die Menschen, die Ihn sicher ebensowenig als ich je gesehen haben, von diesem Menschensohn glauben? – Wie kann Er auf diese Erde kommen, so Er gleichfort im Himmel ist? – Wo wird Er erhöht werden und wann? – Wird Er dadurch zu einem unüberwindlich mächtigsten Könige der Juden? […]

Sage **Ich:** „Du hast nun viele Worte gemacht und hast geredet wie ein Mensch, der von himmlischen Dingen keine Ahnung hat; aber es kann auch nicht anders sein, denn du bist in der Nacht der Welt und magst nicht erschauen das Licht, das aus den Himmeln gekommen ist, um zu erleuchten die Finsternis der Nacht dieser Welt. Einen Dämmerschlaf hast du wohl, aber dennoch erschauest du das nicht, was dir sozusagen auf der Nase sitzt!"

Einschätzung

Luther zeigt in seiner Predigt an Nikodemus, dem Lehrer Israel, dass kein noch so hoher Stand mit seinen Werken vor Gott zählt, denn alle Menschen sind Fleisch; nur durch die Wiedergeburt durch Wasser und Geist können wir lernen, was uns der Heilige Geist lehrt, um in das Reich Gottes zu kommen. Nach der lorberschen Erklärung muss die Seele mit dem Wasser der Demut und Selbstverleugnung gereinigt werden, bevor sie die Wahrheit aufnehmen und als befreiter Geist ins Reich Gottes eingehen kann. Es fehlt bei Lorber erneut der Hinweis auf den Heiligen Geist. Auffällig ist Lorbers Hang zu Übertreibungen: Aus den Zeichen auf der Hochzeit in Kana und der Tempelreinigung werden *viele Wunder,* aus dem einen Aufsuchenden bei Nacht werden *die Nachtwandler,* und aus dem gläubigen Pharisäer Nikodemus wird der *reiche, oberste Bürgermeister von Jerusalem.* Historisch undenkbar ist jedenfalls, dass dieser den Namen *Jehova* ausgesprochen hat. Am Ende stehen theatralische Weisheitsbeteuerungen des Nikodemus sowie des so gelobten weisheitsvollen Herrn.

Lutherbibel, Das Evangelium nach Johannes, Kapitel 3, Vers 16–21
Denn also hat Gott die Welt geliebt, dass er seinen eingeborenen Sohn gab, damit alle, die an ihn glauben, nicht verloren werden, sondern das ewige Leben haben. Denn Gott hat seinen Sohn nicht in die Welt gesandt, dass er die Welt richte, sondern dass die Welt durch ihn gerettet werde.

Wer an ihn glaubt, der wird nicht gerichtet; wer aber nicht glaubt, der ist schon gerichtet, denn er glaubt nicht an den Namen des eingeborenen Sohnes Gottes. Das ist aber das Gericht, dass das Licht in die Welt gekommen ist, und die Menschen liebten die Finsternis mehr als das Licht, denn ihre Werke waren böse. Wer Böses tut, der hasst das Licht und kommt nicht zu dem Licht, auf dass seine Werke nicht aufgedeckt werden.

Wer aber die Wahrheit tut, der kommt zu dem Licht, damit offenbar wird, dass seine Werke in Gott getan sind.

Erwin Mülhaupt (Hrsg.), D Martin Luthers Evangelien-Auslegung, Vierter Teil: Das Johannes-Evangelium mit Ausnahme der Passionstexte, Göttingen 1961, Seite 168–173 [Predigt 25.3.1534]
Das ist eines der herrlichsten Evangelien im Neuen Testament. Wenn's sein könnte, wär's billig, daß man's mit goldenen Buchstaben ins Herz schriebe, und ein jeder Christ sollte zusehen, daß ihm solche Worte ganz vertraut werden, und er soll sie sich im Herzen wenigstens einmal täglich vorsprechen, daß man sie wohl auswendig könnte. Denn da hört man Worte, die aus einem traurigen Menschen einen fröhlichen, aus einem toten wieder einen lebendigen machen können, wenn man nur fest daran glaubt.

Wir können nicht alles ergründen, aber wir wollen doch mündlich davon reden und wollen beten, daß der Geist diese Worte im Herzen erklärt und sie so licht und heiß macht, daß man sie ins Herz kriegt. Es ist ein reiches Evangelium und voll des Trostes. „Also hat Gott die Welt geliebet", und zwar so hoch,

„daß er seinen eingeborenen Sohn gab", daß sie nicht sterben sollen, sondern das ewige Leben haben, als wollt er sagen: Ich will euch ein Gemälde vor Augen stellen, wo der Geber, Nehmer, das Geschenk und Frucht und Nutzen des Geschenks so groß ist, daß es nicht auszusagen ist. Es gibt keinen größeren Geber. Es heißt nicht: Der Kaiser hat gegeben, sondern Gott, der unbegreiflich ist und alle Dinge erschaffen hat. Aber wozu viele Worte? Man kann's nicht genugsam aussagen: Gott ist über alles und alle Kreaturen sind – gemessen an ihm – wie ein Sandkörnlein verglichen mit Himmel und Erden. Solch ein großer Geber ist er; der mag wohl so heißen. Dies ist die Person des Gebers. Wenn man von Gott hört, dann soll man denken, daß alle Könige und Kaiser mit ihren Gaben und Personen eitel Dreck dagegen sind. Da soll das Herz so schwellen und sich aufblasen, daß alle Dinge, gemessen an Gott, klein werden. So hoch soll man den Geber heben. […]

Das sind solche Worte, daß sie niemand genugsam ergründen kann. Täglich soll man sie beten und den Heiligen Geist bitten, daß er sie uns ins Herz drücke. Der soll dann einen guten Theologen aus uns machen, der von Christus recht reden, alle Lehren urteilen und alles leiden könnte, was ihm Gott zuschickt. Aber wenn wir diese Worte an uns vorübergehen lassen, ohne daß wir sie zu Herzen nehmen, so bleiben sie ohne Frucht, und das Herz bleibt, wie es zuvor war. Aber es ist immer mehr Schad (und Schand), und man muß darüber klagen, und die, die diese Worte so an sich vorübergehen lassen, die werden es in der Hölle zu beklagen haben. […]

Das will der Text. Es sind goldene und lebendige Worte; Gott geb's, daß wir sie zu fassen vermögen. Denn wer an diese Worte denkt, den kann kein Teufel mehr schrecken, er muß fröhlich sein und sprechen: Ich hab deinen Sohn und du hast das Evangelium hinzugetan, das von ihm zeugt, dein Wort also; sie können mich nicht betrügen. Herr, ich glaub's, ich brauch' nicht mehr zu tun; oder wenn ich zweifle, dann gib Gnade, daß ich's glaube. Also lerne ein jeglicher mehr und mehr zu glauben; denn es muß geglaubt sein. So wird ein Mensch fröhlich und lustig, daß er gerne alles tut und leidet, weil er spürt, daß er einen gnädigen Gott hat. […]

Jakob Lorber, Das große Evangelium Johannis, Band 1, Bietigheim 1967, Kapitel 21–22 (Auszug)

(**Der HErr:**)[15] „Ich sage es dir, Gott ist die Liebe und der Sohn ist Dessen Weisheit. Also aber liebte Gott die Welt, daß er Seinen eingeborenen Sohn, d. h. Seine aus Ihm Selbst von Ewigkeit hervorgehende Weisheit, in diese Welt gab, auf daß alle, die an Ihn glauben, nicht verloren werden, sondern das ewige Leben haben sollen! – Sage Mir, verstehst du auch dieses nicht?!"

Sagt **Nikodemus:** „Es kommt mir wohl vor, als sollte ich es verstehen, aber im Grunde verstehe ich es doch nicht. Wenn ich nur wüßte, was ich aus dem Menschensohn machen solle, da wäre ich dann schon so ziemlich in der Ordnung! Du sprachst nun auch vom eingeborenen Sohne Gottes, Den die Liebe Gottes in die Welt gab. Ist der „Menschensohn" und der „eingeborene Gottessohn" eine und dieselbe Individualität?"

Sage **Ich:** „Sieh her! Ich habe einen Kopf, einen Leib und Hände und Füße. Der Kopf, der Leib, die Hände und Füße sind Fleisch, und dieses Fleisch ist ein Sohn des Menschen; denn was da ist Fleisch, das kommt vom Fleische. Aber in diesem Men-

---

15 Lorber verwendet in der Erklärung nur zweimal die Schreibweise „Der HErr" (Kapitel 20, Vers 1 und Kapitel 21, Vers 1), später heißt es dann einheitlich „Der Herr" (ab Kapitel 50, Vers 1). Der hebräische Gottesnamen Jahwe bzw. JHWH wird häufig mit „HERR" oder „HErr" umschrieben. Ob Lorber dieser Konvention folgte und bewusst unterschieden hat, lässt sich jedoch nicht belegen.

schensohne, Der Fleisch ist, wohnet Gottes Weisheit, und das ist der eingeborene Sohn Gottes. Aber nicht der eingeborene Sohn Gottes, sondern nur des Menschen Sohn wird gleich der ehernen Mosis-Schlange in der Wüste erhöhet werden, daran sich viele stoßen werden; die sich aber nicht stoßen, sondern glauben und sich halten werden an Seinen Namen, denen wird Er die Macht geben, Kinder Gottes zu heißen, und ihres Lebens und Reiches wird kein Ende sein fürder ewig.

Du mußt aber nun nicht irgend ein Gericht dieser Welt erwarten, als etwa Kriege, Wasserflut oder gar ein alle Heiden verzehrendes Feuer aus den Himmeln; denn sieh, Gott hat Seinen eingeborenen Sohn (die göttliche Weisheit) nicht in die Welt (in dieses Menschenfleisch) gesandt, daß Er diese Welt richte (verderbe), sondern daß sie durch Ihn vollauf selig werde, das heißt, daß auch alles Fleisch nicht verderbe, sondern mit dem Geiste auferstehe zum ewigen Leben. (Unter Fleisch wird hier nicht so sehr das eigentliche Leibfleisch als vielmehr die fleischlichen Gelüste der Seele verstanden.) Aber, um das zu erreichen, muß der Glaube in dem Fleische die materiellen Hoheitsgelüste zunichte machen, und zwar der Glaube an den Menschensohn, daß dieser aus Gott von Ewigkeit her geboren in diese Welt gekommen ist, auf daß alle das ewige Leben haben sollen, die an Seinen Namen glauben und halten werden!

Wer immer, ob Jude oder Heide, an Ihn glauben wird, der wird ewig nimmer gerichtet und dadurch verdorben werden; wer sich aber an dem Menschensohne stoßen wird und wird nicht glauben an Ihn, der ist dann aber auch schon gerichtet. Denn eben das, daß er nicht glauben kann, weil er sich zufolge seines Hoheitsgefühls an dem Namen und Wesen des Menschensohnes stößt, ist schon das Gericht eines solches Menschen. Verstehst du nun das? Ich habe es dir nun überklar vor die Augen gestellt!" […]

Sagt **Nikodemus:** „Sogleich, lieber Meister, Du sollst ihn haben! Ich selbst werde ihn schreiben und ihn Dir überbringen in einer Stunde; denn es ist von hier gar nicht ferne in mein Haus."

Nikodemus eilt nun nach Hause und überbringt schon in einer halben Stunde den verlangten Sicherheitsschein. Nachdem wir das Zeugnis auf einem Stück Pergament in unseren Händen hatten, segnete Ich im Herzen den biederen Nikodemus. Er empfahl sich mit Tränen in den Augen und bat Mich noch einmal, bei Meiner Wiederkunft nach Jerusalem Mich seines Hauses bedienen zu wollen, was Ich ihm auch zusagte. Ich aber empfahl ihm die Reinhaltung des Tempels, was er Mir denn auch gelobte. Und so schieden wir am Morgen.

Einschätzung

Bei Luther ist die Freude über eines der herrlichsten Evangelien im Neuen Testament zentrales Thema. Wer das Evangelium täglich betet, es verinnerlicht, dessen Herz wird vor Freude springen, besagt Luthers Auslegung. Für Lorber ist Gott die Liebe und der Sohn Gottes dessen Weisheit. Im Menschensohn wohne folglich nur Gottes Weisheit des eingeborenen Sohn Gottes. Daher müsse nicht der eingeborene Sohn Gottes erhöht werden, sondern nur der Menschensohn. Die grundlegende christliche Überzeugung „Also hat Gott die Welt geliebt" wird bei Lorber ergänzt durch den Sohn, der die Weisheit Gottes ist. *Menschensohn* und *Sohn Gottes* werden bedenklich interpretiert, sodass die Freude über dieses herrlichste Evangelium nicht aufkommen kann. An ein Auswendiglernen dieser Kernstelle der Lutherbibel ist gar nicht mehr zu denken.

Lutherbibel, Das Evangelium nach Johannes, Kapitel 3, Vers 22–36

Danach kam Jesus mit seinen Jüngern in das Land Judäa und blieb dort eine Weile mit ihnen und taufte. Johannes aber taufte auch noch in Änon, nahe bei Salim, denn es war viel Wasser; und sie kamen und ließen sich taufen. Denn Johannes war noch nicht ins Gefängnis geworfen.

Da erhob sich ein Streit zwischen den Jüngern des Johannes und einem Juden über die Reinigung. Und sie kamen zu Johannes und sprachen zu ihm: Meister, der bei dir war jenseits des Jordans, von dem du Zeugnis gegeben hast, siehe, der tauft, und jedermann kommt zu ihm. Johannes antwortete und sprach: Ein Mensch kann nichts nehmen, wenn es ihm nicht vom Himmel gegeben ist. Ihr selbst seid meine Zeugen, dass ich gesagt habe, ich sei nicht der Christus, sondern vor ihm her gesandt. Wer die Braut hat, der ist der Bräutigam; der Freund des Bräutigams aber, der dabeisteht und ihm zuhört, freut sich sehr über die Stimme des Bräutigams. Diese meine Freude ist nun erfüllt. **Er muss wachsen, ich aber muss abnehmen.**

Der von oben her kommt, ist über allen. Wer von der Erde ist, der ist von der Erde und redet von der Erde. Der vom Himmel kommt, der ist über allen und bezeugt, was er gesehen und gehört hat; und sein Zeugnis nimmt niemand an. Wer es aber annimmt, der besiegelt, dass Gott wahrhaftig ist. Denn der, den Gott gesandt hat, redet Gottes Worte; denn Gott gibt den Geist ohne Maß. Der Vater hat den Sohn lieb und hat ihm alles in seine Hand gegeben. **Wer an den Sohn glaubt, der hat das ewige Leben.** Wer aber dem Sohn nicht gehorsam ist, der wird das Leben nicht sehen, sondern der Zorn Gottes bleibt über ihm.

Erwin Mülhaupt (Hrsg.), D Martin Luthers Evangelien-Auslegung, Vierter Teil: Das Johannes-Evangelium mit Ausnahme der Passionstexte, Göttingen 1961, Seite 174–176 (Auszug)

… Derhalben sollen wir in der Kirche zusehen, daß wir nichts predigen noch hören, es sei denn des Bräutigams Stimme und dazu nicht eine erdichtete oder nachgemachte Stimme. Denn Christus soll's allein sein, der allein die Sünde wegnimmt und den Tod überwindet. Darum glaube keinem, er komme nun in Majestät oder Gestalt wider Christus oder ohne Christus oder vor ihm, sondern merke darauf allein und behalte es auch fest, was er gepredigt hat. Wenn nun einer etwas sagen würde, was sich nicht mit der Stimme Christi reimt, und wenn ich hier das Widerspiel finde, so soll ich sagen: Pfui dich an, du Hurentreiber; willst du mich zu einer Hure machen? Ei, könnte er vielleicht sagen, ich rede doch heilige Dinge. Die Vernunft dünkt es selber, daß es gut sei. Aber sage du: Ich habe die Stimme des Bräutigams. Ich muß glauben an den Vater, Sohn und Heiligen Geist und danach meinen Nächsten lieben, wie ich denn im Katechismus gelehrt werde. Aber wir halten's für eine geringe Lehre; denn wie viele gibt es unter uns, die auf solche Lehre jetzt hören? … […]

… Christus hat den Heiligen Geist ohne alle Maße. Darum denke nicht, daß er nur ein Stück vom Heiligen Geist hat. Denn es ist ein ganz anderer und wunderlicher Prediger und Lehrer, in dem der Heilige Geist nicht nur stückweise ist wie in anderen, sondern zu den Kolossern wird gesagt (Kol. 2,3): In ihm sind die Schätze der Weisheit, des Lebens, der Seligkeit, Gnade und Barmherzigkeit; denn die Gottheit wohnt in ihm leibhaftig. Darum ist der Heilige Geist in ihm ganz und gar da ohne alles Maß; denn es ist der eingeborene Sohn des Vaters. Wir sind wohl auch Gottes Kinder, aber nicht der, der da alles hat und von der Fülle wir alles nehmen. Denn ihn hat Gott uns gegeben zur Weisheit, Gerechtigkeit und (zum Herrn) über alles. So ist kein anderer gesandt, er allein bringt das Wort, darinnen alles ist. Das heißt nun den Geist haben nicht nach dem Maß … Wenn nun in Christus der Geist vollkommen da ist, dann haben auch wir durch ihn den Geist. Wir haben einen solchen Prediger, bei dem wir aus der unaussprechlichen Fülle zu schöpfen haben. Da trinken wir aus und werden satt an ihm, an Leib und Seele … So haben auch wir Gnade und den Heiligen Geist ohne Maß, nicht um unser Verdienst willen, sondern weil wir an ihn glauben.

„Der Vater liebt den Sohn" … Solches ist nun nicht um des Herrn Christi, sondern um unseretwillen geschrieben, auf daß wir lernen, daß sonst nirgends mehr Gottes Liebe ist als in dieser Person, und daß wir also beieinander versammelt bleiben und uns vor denen hüten, die andere Mittler und Helfer suchen als diesen Christus.

Der Teufel tut auch nichts anderes als dies, daß er uns von diesem Christus abführe, und es ist wohl ein feiner, schöner Schein, die Jungfrau und die Heiligen anzurufen; aber wir müssen uns unter dem Haupt zusammenhalten, oder wir sind sonst ewiglich verdammt …

Jakob Lorber, Das große Evangelium Johannis, Band 1, Bietigheim 1967, Kapitel 23–24 (Auszug)
Alle aber, die vollgläubig Meine Lehre annahmen, wurden von Mir offen mit Wasser, insgeheim aber mit dem Geiste Meiner ewigen Liebe und Weisheit getauft und erlangten dadurch die Macht „Gottes Kinder" zu heißen. Darin bestand also das Wesen, das Ich mit ihnen hatte. Die Lehre und was Ich getan hatte, ist teilweise von den anderen drei Evangeliums-Schreibern aufgezeichnet worden und braucht hier nicht wieder angegeben zu werden; sie bestand auch in nichts anderem als hauptsächlich in der Darstellung aller der groben Gebrechen, mit denen die Juden

und Pharisäer behaftet waren, und in der Anpreisung der Liebe zu Gott und dem Nächsten. […]

Johannes aber fasset sich und spricht zu seinen Schülern: „[…] Ich aber meine, daß Er Selbst dennoch nicht mit dem Wasser tauft, sondern mit dem Feuer des Geistes nur; Seine Jünger aber werden die Menschen zuvor nach meiner Art taufen, d. h. alle jene, die von mir die Wassertaufe nicht genommen haben. – Die Wassertaufe aber ist nichts nütze dem Menschen, so er darauf nicht getauft würde mit dem Geiste Gottes.

Das Wasser zeugt von nichts als vom Wasser und macht rein die Haut vom Schmutze der Erde. Der Geist Gottes aber, mit dem der Herr allein nur taufen kann, da der Gottesgeist Sein Geist ist, zeugt von Gott und von dem, das Er allein allzeit in Gott schaut und vernimmt.

Aber leider nimmt nun noch nahe niemand dies heilige Zeugnis an! Denn was Kot ist, das ist Kot und mag den Geist nicht annehmen, es müsse denn der Kot zuvor durchs Feuer gehen und allda selbst zum Geiste werden; denn ein rechtes Feuer verzehrt alles bis auf den Geist, der selbst ein gewaltiges Feuer ist. Darum wird die Geistestaufe des Herrn auch viele zerstören, und es werden sich darob viele scheuen, sie anzunehmen.

Wer aber diese Taufe und in ihr das heilige Zeugnis annehmen wird, der wird es in sich versiegeln vor der Welt, daß Derjenige, Der ihn getauft hat mit dem Geiste, Selbst allerwahrhaftigst Gott sei und allein geben kann das ewige Leben. Ihr sagt nun gleichwohl in euch: ‚Warum denn in sich versiegeln das Zeugnis der Himmel von Gott durch Gott?!‘ Ich habe es euch gesagt: Der Kot ist und bleibt Kot, und der Geist ist und bleibt Geist; so aber der Erdmensch, der vom Grunde aus Kot ist, in seinem Kot den Geist überkommt, wird ihm der Geist bleiben, so er ihn in sich, d. h. in seinem Herzen, nicht wohl verwahren wird?" […]

Dies ist das letzte und größte Zeugnis des Johannes über Mich und bedarf keiner weiteren Erklärung, da es sich in und aus sich selbst erklärt.

Der Grund aber, warum es im Evangelium nicht so vollständig gegeben ist, bleibt stets der gleiche: weil fürs erste damals also die notwendige Art zu schreiben war, dernach nur die Hauptpunkte aufgezeichnet wurden, alles andere aber, was ein geweckter Geist ohnehin von selbst leicht finden kann, weggelassen ward; fürs zweite aber, daß das lebendig Heilige im Worte nicht verunreinigt und entheiligt werden möchte. Und es ist demnach ein jeder solcher Vers ein tüchtig selbstbeschaltes Samenkorn, in dem der Keim zu einem endlosen Leben und seiner nie ermeßbaren Weisheitsfülle verborgen ruht.

Einschätzung

Luther zufolge müssen wir Christen nur auf die Stimme Christi, des Bräutigams, hören, denn in ihm wohnt der Heilige Geist in aller Fülle; nirgends ist mehr Gottes Liebe als in Christus, deshalb steht geschrieben: Der Vater hat den Sohn lieb. Bei Lorber heißt es dagegen: Wer die Lehre des Herrn vollgläubig aufnahm, der wurde offen von ihm mit Wasser, insgeheim aber mit dem Geist seiner Liebe und Weisheit getauft. Dadurch hätten sie die Macht erlangt, „Gottes Kinder" zu heißen. Lorber behauptet, dass die biblischen Evangelien unvollständig sind. Er selbst jedoch stellt diverse Unzulänglichkeiten als Neuoffenbarung dar: Der Herr spricht von Seiner Lehre, es folgt aber nur Allgemeines; wir lesen von geheimen Taufen, obwohl der Herr stets öffentlich sprach und wirkte; Johannes der Täufer soll angefragt haben, obwohl er zu diesem Zeitpunkt noch gar nicht im Gefängnis war …

2.3.2 Kommentar

Das dritte Kapitel des biblischen Evangeliums nach Johannes berichtet vom ersten seelsorgerlichen Gespräch zwischen Jesus und dem jüdischen Schriftgelehrten Nikodemus, vom Streit über die Taufe, vom heiligen Ernst und von der Freude über Christus. Nikodemus hatte Vertrauen zu Jesus, dass dieser auch nachts für ihn Zeit haben werde. Später tritt er mutig für Jesus vor den Ratsherren ein und brachte mit Josef von Arimathäa seinen letzten Liebesbeweis bei Jesu Beisetzung.

Zeichen werden im Johannes-Evangelium nur bezeugt und nicht erklärt. Somit ist es aussichtslos, das Wunder Gottes am menschlichen Herzen, der Wiedergeburt des Geistes, erklären zu wollen. Genau dies aber tut Lorber. Seine umfangreichen Ausführungen enthalten zahlreiche Ungereimtheiten und Widersprüche, die weit von der Heiligen Schrift entfernt sind und dem Geheimnis des Glaubens nicht gerecht werden:

1. Lorber erklärt die Wasser- und Feuertaufe. Der Herr habe mit Wasser, insgeheim aber mit dem Geist seiner ewigen Liebe und Weisheit getauft. Gemäß dem biblischen Evangelium nach Johannes hat der Herr selber jedoch gar nicht getauft.

2. Nikodemus kommt Lorber zufolge nachts zu Jesus, weil die reichen und obersten Bürger gegenüber der Öffentlichkeit keine Schwäche zeigen wollten. Davon steht im Neuen Testament allerdings nichts geschrieben. In der lorberschen Erklärung genießt es Jesus geradezu, dass seine geistigen Ausführungen dem weisesten Meister in Israel unverständlich bleiben. Auch hier zeigt sich ein Widerspruch zur lutherischen Auslegung.

3. Lorber behauptet, dass das Zeugnis des Johannes keiner weiteren Erklärungen bedarf, da es sich selbst, in uns, erklärt und der geweckte Geist dies ohnehin aus sich selbst finden kann. Lorbers Ausführungen über Vater und Sohn, Menschensohn und

Fleischmensch sind allerdings schwer verständlich und alles andere als selbsterklärend.

4. Lorber betont, dass der Herr auch Meister der wahren Weisheit sei. Dies impliziert jedoch die Frage, wer dann der Meister der falschen Weisheit sei.

5. Nach Lorbers Erklärung ist das biblische Johannes-Evangelium wegen mangelhafter Übersetzung unvollständig, sodass der innere, seelisch-geistige Kern, das lebendig Heilige, von den Menschen nicht habe verunreinigt und entheiligt werden können. Nach Diktat der „lebendigen Stimme" will Lorber nun im Jahr 1851 den wahren inneren Sinn des Evangeliums aufdecken, sieht dabei aber offenbar keine Gefahr für eine möglicherweise nachfolgende Entheiligung durch Ungläubige. In der Einleitung zu seinem Hauptwerk warnt er allenfalls diejenigen, die die Neuoffenbarung nicht anerkennen, vage vor negativen Folgen.

6. Lorber führt weiter aus, dass jeder Vers den Keim für eine unermessliche Weisheitsfülle bilde. Seine umfangreichen Erklärungen sollen ein Beweis für die ewige Weisheit sein, tatsächlich aber lassen sie den geistigen Sinn kompliziert und subtil erscheinen. Es gibt bei Lorber keinerlei Kernstellen, die mithilfe des Heiligen Geistes erschlossen und fest im Herzen verankert werden könnten.

7. Lorber sagt, dass man bereits mit weisheitsvollen Erklärungen das menschliche Herz erreichen und somit zum Glauben an Christus kommen könne. Das erscheint fragwürdig – zumal er die Tatsache umgeht, dass die Gläubigen in die Gemeinde Christi geführt werden sollen, damit sich die Gegenwart des Heiligen Geistes weit intensiver auswirken kann als allein. Dem Geheimnis des Glaubens wird Lorber daher keinesfalls gerecht.

In Lorbers Ausführungen ist also keine Seelsorge erkennbar. Es bleibt fraglich, ob der gebildete Nikodemus das Gespräch in dieser Form überhaupt geführt haben kann.

2.4 Das vierte Kapitel

2.4.1 Quellen und Einschätzungen[16]

Lutherbibel, Das Evangelium nach Johannes, Kapitel 4, Vers 1–14
Als nun Jesus erfuhr, dass den Pharisäern zu Ohren gekommen war, dass er mehr zu Jüngern machte und taufte als Johannes – obwohl Jesus nicht selber taufte, sondern seine Jünger –, verließ er Judäa und ging wieder nach Galiläa. Er musste durch Samarien reisen.

Da kam er in eine Stadt Samariens, die heißt Sychar, nahe bei dem Feld, das Jakob seinem Sohn Josef gab. Es war aber dort Jakobs Brunnen. Weil nun Jesus müde war von der Reise, setzte er sich am Brunnen nieder; es war um die sechste Stunde. Da kommt eine Frau aus Samarien, um Wasser zu schöpfen. Jesus spricht zu ihr: Gib mir zu trinken! Denn seine Jünger waren in die Stadt gegangen, um Essen zu kaufen. Da spricht die samaritische Frau zu ihm: Wie, du bittest mich um etwas zu trinken, der du ein Jude bist und ich eine samaritische Frau? Denn die Juden haben keine Gemeinschaft mit den Samaritern. – Jesus antwortete und sprach zu ihr: Wenn du erkenntest die Gabe Gottes und wer der ist, der zu dir sagt: Gib mir zu trinken!, du bätest ihn und er gäbe dir lebendiges Wasser.

Spricht zu ihm die Frau: Herr, hast du doch nichts, womit du schöpfen könntest, und der Brunnen ist tief; woher hast du dann lebendiges Wasser? Bist du mehr als unser Vater Jakob, der uns diesen Brunnen gegeben hat? Und er hat daraus getrunken und seine Kinder und sein Vieh. Jesus antwortete und sprach zu ihr: Wer von diesem Wasser trinkt, den wird wieder dürsten; wer aber

---

[16] Da Luthers Auslegung im Wesentlichen die Verse 1–14 enthält, werden in der Darstellung nur diese Verse vergleichend untersucht.

von dem Wasser trinken wird, das ich ihm gebe, den wird in Ewigkeit nicht dürsten, sondern das Wasser, das ich ihm geben werde, das wird in ihm eine Quelle des Wassers werden, das in das ewige Leben quillt.

Erwin Mülhaupt (Hrsg.), D Martin Luthers Evangelien-Auslegung, Vierter Teil: Das Johannes-Evangelium mit Ausnahme der Passionstexte, Göttingen 1961, Seite 177–182

Nun folgt im Text: „Wie bittest du von mir Wasser?" Es waren die Juden und Samariter untereinander uneins und einer verdammte den anderen. Die Samariter wollten recht haben und die zu Jerusalem auch. Aber der Herr scheidet allhier den Hader und sagt, daß weder die Samariter noch die zu Jerusalem recht haben. Die Samariter hatten nicht recht; denn sie haben allein für sich das Exempel der Väter oder der Patriarchen und nicht Gottes Gebot. Der Berg Garizim war dazu geordnet, als die Kinder Israel aus Ägypten zogen, daß man den Segen über das Volk darauf sprach und auf dem anderen Berge den Fluch (5. Mose 11,29). Von der Zeit an ist der Berg geehrt gewesen, daß man hinauf lief, wie man im Papsttum getan hat, daß man auf die Berge und in die Täler Wallfahrt gelaufen ist, und die Samariter opferten und schlachteten daselbst und ließen den Tempel zu Jerusalem anstehen und halfen sich allezeit mit dem Exempel und der Weise der Väter wie mit Josua und anderen, die daselbst Gott angebetet und das Volk gesegnet hatten. Darum meinten sie, der Berg wäre ebenso heilig wie Jerusalem selbst. Solches hat die Welt für und für getan, daß man den Vätern und Kirchen hat nachfolgen wollen, wie sie denn auch heutzutage die Schrift hierherziehen, man müsse halten, was die Väter und die Konzilien beschlossen und was unsere Vorfahren und Väter gehalten hätten, und so binden sie unsere Seligkeit an Stätten und Personen. Aber so hätten sie sagen sollen: Wir Samariter wissen, daß unsere Väter hier Gott angebetet haben, und die zu Jerusalem wissen das auch wohl; aber das ist nicht recht, daß ich meinen Gottesdienst dahin legen will, wo meine Väter Gott gedient und angerufen haben. Denn das gehört hiezu, daß man weiß, ob Gott in seinem Wort dir das auch befohlen und geboten hat, daß du in demselbigen Ort ihm dienest, desgleichen, ob man an diesem Orte auch Gottes Wort hat …

Dieser Streit und Kampf hört nimmer auf zwischen der rechten und falschen Kirche; er hat von Anfang der Welt gewährt, die Rotten und Ketzer haben sie allezeit angefochten, wie denn auch hier das Fräulein sagt: Willst du von mir zu trinken haben, dieweil du doch ein Jude bist und im Bann stehst, ich aber bin ein Samariter und heilig? Denn die Samariter bestanden darauf, daß sie, weil sie auf dem Berg Garizim anbeteten, darum auch selig würden. Aber das Weiblein ist nicht halsstarrig, hatte auch nicht einen hartnäckigen Kopf, daß man sie nicht hätte zurechtbringen können. So wünschen wir, daß ihrer viele unter dem Papsttum wären, die so gefangen sind durch des Papstes Finsternis, daß sie sich nicht selber heraushelfen können, bis Christus kommt und sie bekehrt, und diese gehören zu diesem samaritischen Weibe … Obwohl dieses Weiblein im Irrtum lebt und nicht recht glaubt, so ist sie doch noch nicht vom Teufel besessen, daß sie am Irrtum hinge und klebte und nicht davon gerissen werden könnte. Derer sind noch viele heutzutage. Ihnen ist noch zu helfen und um ihretwillen muß man predigen, wie denn hier der Herr selbst mit dem Weiblein tut. Nun will sie sich entschuldigen, daß sie heilig sei, und der Herr Christus nicht; ihr Gewissen ist gefangen von den unnützen Plaudereien und sie spricht: Ich wollte dir gerne zu trinken geben, wenn du nur ein Samariter wärest. Aber du bist ein Jude, welche uns in den Bann getan und als Ketzer verdammt haben. So fürchtet sich ihr Gewissen, wie wenn sie sich an den Juden versündigen könnte. […]

Wir mögen wohl erkennen, daß es auch uns gesagt ist. Wenn wir diese Gabe erkennten, so kriegten wir rechtes Wasser, darin uns der Heilige Geist gegeben wird. Aber durch Gottes Gnade haben wir angefangen ein wenig zu erkennen, was Gottes Gabe und wer der Lehrer ist … Wir haben aber davon nur die Erstlinge und nicht den Zehnten. Wir heben erst an zu erkennen, daß es eine unaussprechliche Gabe ist, daß Gott mit uns redet und wir zu den Ehren kommen, da wir Gottes Schüler und Jünger sind. Daher wissen wir, was die Gabe ist und wer der Lehrer ist. Das haben wir angefangen zu erkennen, daß wir und unsere Zuhörer wissen, sie hören nicht einen Menschen, sondern Gott, der solche Dinge mit uns redet, die da bringen einen ewigen Schatz. Deshalb hören wir immerdar, daß wir nicht genug davon reden können und tun müssen wie ein stammelndes Kind. Wir verstehen's nicht, was für einen unbegreiflichen Schatz wir am göttlichen Wort haben; du weißt auch nicht recht, wer die Person ist, die mit dir redet, was für eine trefflich hohe Person es ist, die mit dir redet, des du dich dann rühmen solltest, daß du ein Schüler bist nicht eines Königs oder Kaisers, sondern Gottes. […]

Jakob Lorber, Das große Evangelium Johannis, Band 1, Bietigheim 1967, Kapitel 25–26 (Auszug)
Nach solcher Rede Johannis gingen seine Jünger alsbald zu Mir, und es mehrte sich die Zahl Meiner Jünger von Tag zu Tag, ja, oft von Stunde zu Stunde. Denn ein jeder, der an Mich zu glauben begann, und dem ich nach dem Maße seines Glaubens und nach der Taufe mit dem Wasser, die von Meinen ersteren Jüngern ausgeübt wurde, Meine Hände aufgelegt hatte, der ward voll Geistes der Kraft und des Mutes und aller Furcht vor dem Leibestode bar.

Da das viele erfuhren, so machten sie es trotz Meines Verbotes dennoch allenthalben, wohin sie nur kamen, ruchbar; dazu wurden noch alle Meine Taten, nicht selten sogar mit manchen Zusätzen und Übertreibungen, in ganz Judäa herum verbreitet, was bei den wundersüchtigen Juden die ganz natürliche Folge hatte, daß sie sich von Tag zu Tag bei Mir mehr und immer mehr einfanden und vielfach auch sogleich bei Mir verblieben.

Aber es hatte auch die unvermeidbar leidige Folge, daß alles das zu den weiten Ohren der Pharisäer kam, und, wie schon bemerkt, mit vielen Zusätzen und Übertreibungen, darunter einige so seltsam klangen, daß darob sogar einige Römer zu meinen begannen, Ich müßte entweder der Zeus selbst, oder doch ein Sohn von ihm sein.

Es wurden auch von römischer Seite Auskundschafter an Mich gesandt, die jedoch das nicht fanden, weshalb sie zu mir beschieden wurden. Ich tat da auch gewöhnlich keine Zeichen, damit dies abergläubische Volk nicht noch vernagelter würde, als es ohnehin schon war.

Aus solchen Übertreibungen aber entstanden dann in der Folge eine Menge falscher Evangelien und entstellten dann das wahre. […]

Die Samariter waren darum auch das verachteste und allergotteslästerlichste Volk der Erde in den Augen der Pfaffen zu Jerusalem; dagegen die Pfaffen Jerusalems aber auch bei den Samaritern in einem solchen Ansehen standen, daß sie mit dem Namen eines Tempelpfaffen gewöhnlich das Allerschlechteste zu bezeichnen pflegten. Wenn z. B. ein Samariter zu jemandem in irgend einer Aufregung, zu der er keinen hinreichenden Grund hatte, sagte: „Du Pharisäer!", so ging der also Bescholtene vors Gericht, verklagte den Beleidiger, und dieser mußte dann seine Unbesonnenheit oft mit einer starken Geldbuße und einem jahrelangen Gefängnisse büßen. Daß es natürlich keinem Pharisäer oder sonstigen Pfaffen geraten war, nach Samaria den Fuß zu setzen, versteht sich von selbst. Mir und allen denen, die mir folgten, kam diese Sache gut zu statten, denn in Samaria waren wir vor der bösen Verfolgung der Tempeljuden sicher. […]

Selbst die ersten Jünger, als Petrus, Mein Johannes d. Ev., Andreas und Thomas, Philippus und Nathanael fielen wie nahe halbtot aufs reiche Gras unter den Bäumen nieder; nur Ich allein, obschon auch sehr müde, setzte Mich auf das steinerne Geländer des Brunnens, denn Ich wußte es ja voraus, daß sich an dem Brunnen bald eine gute Gelegenheit darbieten werde, mit den zwar halsstarrigen, aber sonst mehr vorurteilsfreien Samaritern in einen sehr nützlichen Konflikt zu geraten. Zugleich war Ich auch schon sehr durstig und harrte auf ein Gefäß zum Wasserschöpfen, das ein Jünger im Dörfchen holen ging, aber damit nicht zu einem erwünschten Vorschein kommen wollte. […]

Spricht **das Weib:** „Du scheinst in der Schrift wohl bewandert zu sein! Aber, wie ich es erkenne aus deiner Bitte um einen Trunk Wassers aus meinem Kruge, und wie du ganz sicher kein Gefäß hast, mit dem du dir ein Wasser aus diesem Brunnen schöpfen könntest, und mit der Hand das Wasser nicht erreichen kannst, da der Brunnen tief ist und niemand mit der Hand bis zum Wasser langen kann, so möchte ich wohl deine Kunst wissen, mit der du von irgendwoher es dir verschaffen könntest!? (Oder willst du etwa gar verdeckt mir zu verstehen geben, daß es dich gelüste, eine Sache mit mir zu haben? Jung wohl bin ich noch genug und reizend auch, denn ich zähle noch nicht 30 Jahre! Solch ein Begehren aber würde von der Seite eines Juden an eine allerverachtetste Samariterin doch ein zu großes Wunder sein, indem euch die Tiere lieber sind als wir samaritische Menschen! Wahrlich, zu dem würdest du mich wohl nie bereden!) …

Sage **Ich:** „Ich sagte dir es ja, daß du in deiner Erkenntnis blind bist, und so ist es denn auch wohl begreiflich, daß du Mich nicht verstehen kannst und magst. Sieh, Ich sagte dir auch: Wer Meine Worte glaubt, aus dessen Lenden werden Ströme des lebendigen Wassers fließen! Siehe, Ich bin schon 30 Jahre in dieser Welt und habe noch nie ein Weib berührt; wie sollte Ich nun auf einmal dich begehren wollen?! O du blinde Törin! Und so Ich mit dir eine Sache machen würde, so würdest du doch sicher wieder durstig werden und trinken müssen, um dir zu löschen den Durst; so Ich dir aber lebendiges Wasser anbot, so ist es ja klar, daß Ich dir damit den Durst des Lebens für ewig stillen wollte! Denn sieh, Mein Wort, Meine Lehre ist solch ein Wasser! [...][17]

Einschätzung
Luther zeigt am Beispiel der Samariterin, dass der Kampf und Streit zwischen einer rechten und einer falschen Kirche niemals aufhören wird. Wenn wir unsere Sturheit ablegen, überwinden wir bestimmte Stätten, Vorfahren und Väter und können das rechte Wasser empfangen, darin uns der Heilige Geist gegeben wird. In der lorberschen Erklärung wusste der Herr im Voraus vom Gespräch mit der Samariterin, obwohl das Volk mit den Juden keine Gemeinschaft hatte, und sie versteht die Aussage von der gläubigen Aufnahme seiner Lehre im Herzen falsch. Obwohl Lorber zuvor noch vor Übertreibungen gewarnt hat, schildert er eine gegenseitige Menschenverachtung. Das Wort *Pfaffen,* so sei nebenbei bemerkt, kam erst im Mittelalter auf.

---

[17] Die Erklärung des vierten Kapitels von Lorbers „Großem Evangelium Johannis" endet abrupt mit dem 42. Vers.

2.4.2 Kommentar

Das vierte Kapitel des biblischen Evangeliums nach Johannes schildert das zweite seelsorgerliche Gespräch Jesu: die Begegnung zwischen Jesus und der Samariterin. Während Luthers Auslegung die unbegreifliche Bedeutung des Wortes Gottes herausstellt und uns hilft, dieses besser zu verstehen, gleichen Lorbers Erklärungen eher einer für das 19. Jahrhundert typischen Schulmeisterei:

1. Lorber warnt vor Übertreibungen und wartet zugleich mit Gnadenwirkungen an den Gläubigen auf, die durch das Handauflegen des Herrn geschehen.

2. Der Verweis auf die Entstehung falscher Evangelien deutet Lorbers Anspruch an, das wahre Evangelium zu vermitteln.

3. Lorbers menschenverachtende Schilderung des samaritischen Volkes steht weder mit Gottes Weisheit noch mit dem Neuen Testament im Einklang.

4. Das Gespräch mit der Samariterin lässt keine seelsorgerliche Dimension erkennen.

Allein der Heilige Geist vermag den Durst des Lebens zu stillen, darüber können auch die vielen Worte die Neuoffenbarung Lorbers nicht hinwegtäuschen.

3

Weitere Textquellen
Zur Unterscheidung der Geister

Nicht nur ein Vergleich zwischen der lutherischen Auslegung des biblischen Johannes-Evangeliums und dem lorberschen „Großen Evangelium Johannis" kann den Gegensatz zwischen dem reformatorischen Verständnis und dem neuoffenbarischen Anspruch offenlegen und stellt Lorbers Neuoffenbarung infrage. Darüber hinaus gibt es eine Fülle von weiteren Dokumenten – insbesondere unzählige Briefe –, anhand derer sich der unterschiedliche religiöse Anspruch von Luther und Lorber ablesen und analysieren lässt.

In diesem Kapitel werden exemplarisch vier solcher Textquellen angeführt. Sie können hilfreich dabei sein, die zentrale Streitfrage „Was ist der Heilige Geist und was die ‚lebendige Stimme'?" und damit die Authentizität der lorberschen Neuoffenbarung zu reflektieren:

a) Martin Luther, Brief an Melanchthon, 13. Januar 1522
b) Martin Luther, „Der Große und der Kleine Katechismus", Dritter Artikel (Auszug), 1529
c) Jakob Lorber, Brief an einen Freund über das lebendige Wort, 16. Februar 1858
d) Jakob Lorber, „Dank- und Bittgebet des Knechts", 14. März 1842

3.1 Brief Luthers an Melanchthon

Martin Luther schrieb im Laufe seines Lebens Tausende von Briefen, von denen jedoch nicht mehr alle erhalten sind. Die Weimarer Gesamtausgabe von Luthers Schriften hat die Briefe von und an Luther in elf Bänden mit insgesamt 4211 Nummern gesammelt. Es ist erstaunlich, welche Fülle von Gedanken, Erlebnissen und Ereignissen in Luthers Briefwechsel zutage tritt. Briefe waren für ihn auch ein Teil seiner Verkündigung, wobei er bei allem Ernst der Sache nie den Menschen mit seinen Ängsten und Nöten vergaß.

Ausgangsereignis für den hier angeführten Brief Luthers war der Besuch der „Zwickauer Propheten" am 27. Dezember 1521 bei Philipp Melanchthon (1497–1560), dem damaligen Professor für Griechisch an der Universität in Wittenberg. Diese stellten sich als unmittelbare, geisterleuchtete Boten Gottes vor, ausgestattet mit prophetisch-apostolischer Vollmacht. Sie ließen ihn an ihren verborgenen Gesichten und Offenbarungen teilhaben. Die schwärmerischen Argumente gegen die Kindertaufe beeindruckten Melanchthon wohl so, dass er ängstlich wurde.

Luther nahm sich dieses Themas in einem Brief vom 13. Januar 1522 an Melanchthon an. Er betont darin, dass ständig Geister auftreten würden und uns die Wahrheit vorgaukeln wollten; wir aber hätten dies kritisch zu prüfen, das Evangelium, die „frohe Botschaft", sei dabei unser Maßstab.

Die „Propheten" und ihr Kampf gegen die Kindertaufe. In: Heinrich Fausel (Hrsg.), D. Martin Luther. Sein Leben und Werk, Band 2: 1522–1546, Stuttgart 1996, Seite 38–42 (Auszug)
… Um auf die Propheten zu kommen, so kann ich vor allem Deine Ängstlichkeit nicht gutheißen; denn Du verfügst über größere Urteilskraft und Bildung als ich. Zunächst einmal: Wenn sie

ihr Zeugnis sich selber ausstellen, so ist ihnen nicht alsbald daraufhin Gehör zu schenken, sondern man muß nach dem Rat des Johannes (1 Joh 4, 1) die Geister prüfen. Wenn Ihr sie nicht prüfen könnt, so habt Ihr den Rat des Gamaliel (Apg 5, 38), es anstehen zu lassen. Denn soviel ich bis jetzt höre, sagen und tun sie nichts, was nicht auch der Satan hervorragend oder mindestens ebenso gut könnte. Von meiner Seite aus aber magst Du herauszubringen suchen, ob sie sich über ihre Berufung ausweisen können. Denn Gott hat noch nie jemand gesandt, er sei denn durch Menschen berufen oder durch Zeichen öffentlich ausgewiesen, – auch seinen Sohn selbst nicht ausgenommen. Die Propheten von einst empfingen ihr Recht aus dem prophetischen Gesetz und Stand, so wie wir heute durch Menschen. Kurz, ich bin ganz dagegen, daß man sie gelten läßt, wenn sie immer nur versichern, sie seien durch nackte Offenbarung berufen worden; wollte doch Gott auch zu Samuel nicht reden, ohne daß Eli als Autorität eingeweiht war. Das sei fürs erste zur öffentlichen Lehrtätigkeit gesagt.

Ferner mußt Du auch Klarheit darüber gewinnen, wie dieser Geist bei ihnen persönlich sich auswirkt. Dazu frage, ob sie etwas erfahren haben von jenen geistlichen Anfechtungen und göttlichen Geburtswehen, von jenen Todesängsten und Höllenqualen. Wenn Du hörst, daß alles glatt, gelassen, gottergeben (wie sie es nennen) und fromm ist, sollst Du ihnen Deine Zustimmung versagen, auch wenn sie behaupten, bis in den dritten Himmel entrückt worden zu sein. Denn es fehlt das Zeichen des Menschensohnes (Matth 24, 30): der ‚Basanos‘, der einzigartige Prüfstein der Christen und der sichere Erforscher der Geister. Willst Du erkennen, wo, wann und wie Gott mit dem Menschen spricht, so höre: „Er zerbrach mir alle meine Gebeine wie ein Löwe" (Jes 38, 13); und „Ich bin von Deinen Augen verstoßen" (Ps 31, 23); und „Meine Seele ist voll Jammers, und mein Leben ist nahe bei der Hölle" (Ps 88, 4). So unmittelbar redet die „Majestät" (um mit ihren Worten zu reden) nicht, daß der Mensch [es] sieht, vielmehr [gilt]: „Kein Mensch wird leben, der mich sieht" (2 Mose 33, 20). Nicht einen Sternenschimmer von Gottes Rede erträgt unsre Natur. Darum redet er ja durch Menschen, weil wir alle es nicht ertragen können, wenn er selbst redet. Auch die Jungfrau [Maria] brachte ja der Engel in Bestürzung (Luk 1, 29), ebenso auch den Daniel (Dan 8, 17); ebenso klagt auch Jeremia (Jer 10, 24): „Packe mich [Herr] in Deinem Gericht [doch mit Maßen]" und (17, 17): „Sei Du mir nur nicht schrecklich." Und was bedarf es mehreres? Als ob die „Majestät" mit dem alten Menschen vertraulich plaudern könnte und ihn nicht vielmehr zuerst töten und ausdörren müßte, damit sein so häßlicher Geruch keinen Gestank verbreitet! Unser Gott ist ein verzehrend Feuer (5 Mose 4, 24). Auch die Träume und Gesichte der Heiligen sind schrecklich, sobald man sie versteht. Mache also diese Probe und wolle auch nicht einmal von dem Jesus der Herrlichkeit etwas hören, ehe Du nicht zuvor den Gekreuzigten gesehen hast. […]

3.2 Luthers „Großer und Kleiner Katechismus"

Luther verfasste 1529 zwei Lehrschriften, in denen er die Kernelemente des christlichen Glaubens verdeutlichte. „Der Kleine Katechismus" ist eine Bekenntnisschrift und Einführung in den christlichen Glauben, gedacht als Unterrichtshilfe für die Pfarrherren und täglicher Begleiter für jedermann. Anlass für die kurze Lehrschrift boten zahlreichen Visitationsreisen, auf denen Luther sah, dass die Menschen nur lückenhaft mit dem christlichen Glauben vertraut waren. „Der Große Katechismus" sollte demgegenüber in erster Linie als Hilfsmittel für Prediger und Seelsorger dienen.

Aus dem „Großen und Kleinen Katechismus" sei Luthers Erklärung zum Glaubensbekenntnis angeführt. Daraus geht sehr deutlich hervor, dass nur der Heilige Geist uns heiligt und zu Christus führt.

Martin Luther, Der Große und der Kleine Katechismus, Göttingen 2003, Seite 45–46 (Auszug)

DER DRITTE ARTIKEL

Von der Heiligung
Ich glaube an den Heiligen Geist,
die heilige christliche Kirche, Gemeinschaft der
    Heiligen,
Vergebung der Sünden,
Auferstehung der Toten und das ewige Leben.
Amen.

Was ist das?

Ich glaube, daß ich nicht aus eigener Vernunft noch Kraft
    an Jesus Christus, meinen Herrn, glauben
    oder zu ihm kommen kann;
sondern der Heilige Geist hat mich durch das Evangelium berufen,
    mit seinen Gaben erleuchtet,
    im rechten Glauben geheiligt und erhalten;
gleichwie er die ganze Christenheit auf Erden beruft,
    sammelt, erleuchtet, heiliget und bei Jesus Christus erhält
    im rechten, einigen Glauben;

143

in welcher Christenheit er mir und allen Gläubigen
   täglich alle Sünden reichlich vergibt
und am Jüngsten Tage mich und alle Toten
   auferwecken wird
und mir samt allen Gläubigen in Christus
   ein ewiges Leben geben wird.
      Das ist gewißlich wahr.

Von der Heiligung

Diesen Artikel kann ich nicht besser benennen als, wie gesagt, „von der Heiligung", daß dadurch der Heilige Geist mit seinem Amt abgemalt werde, nämlich daß er heilig macht. Darum müssen wir auf dem Wort „HEILIGER GEIST" fußen, weil es so kurz gefaßt ist, daß man kein anderes haben kann. Denn es sind sonst mancherlei Geister in der Schrift, wie Menschengeist, himmlische Geister und böser Geist. Aber Gottes Geist heißt allein ein Heiliger Geist, das ist, der uns geheiligt hat und noch heiligt. Denn wie der Vater ein Schöpfer, der Sohn ein Erlöser heißt, so soll auch der Heilige Geist von seinem Werk ein Heiliger oder Heiligmacher heißen. Wie geht aber solch Heiligen zu? Antwort: gleichwie der Sohn die Herrschaft erwirbt, dadurch daß er uns durch seine Geburt, Sterben und Auferstehung usw. gewinnt, so richtet der Heilige Geist die Heiligung aus durch die folgenden Stücke: das ist durch die Gemeinde der Heiligen oder christliche Kirche, Vergebung der Sünden, Auferstehung des Fleisches und das ewige Leben, das ist, daß er uns erstlich in seine heilige Gemeinde führt und in der Kirche Schoß legt, durch die er uns predigt und zu Christus bringt.

3.3 Brief Lorbers an einen Freund

Von Jakob Lorber sind insgesamt 17 Briefe erhalten,[18] 16 davon verfasste er bei Besuchen in Oberkärnten zwischen 1841 und 1846. Acht Briefe sind adressiert an den Komponisten Anselm Hüttenbrenner (1794–1868), drei an den Grazer Bürgermeister Andreas Hüttenbrenner (1797–1869) und einer an Lorbers späteren Biografen Karl Gottfried Ritter von Leitner. Alle drei lebten in Graz und waren inniglich mit Lorber befreundet. In jedem seiner Briefe nimmt Lorber Bezug auf seine paranormalen Fähigkeiten und auf die „lebendige Stimme", und einige seiner Briefe sind mit „Jakob Lorber d. H. K." unterzeichnet, was laut von Leitner für „des Herrn Knecht" steht.

Der im Folgenden wiedergegebene Brief zeigt exemplarisch, wie Lorber die „lebendige Stimme" charakterisiert und in welcher Weise diese Stimme sich ihm kundtut. Die Bedingung, um zu Gott zu kommen, ist es, Christus über alles und aus allen Kräften zu lieben. Das wirft allerdings die Frage auf, warum ausgerechnet Lorber, der vor dem ersten Erscheinen der „lebendigen Stimme" keinen starken religiösen Zugang hatte, von Christus als „Mittler" auserwählt wird.

Briefe Jakob Lorbers an einen Freund, Bietigheim 1931, Seite 15–16
Bezüglich des innern Wortes, wie man dasselbe vernimmt, kann ich, von mir selbst sprechend, nur sagen, daß ich des Herrn heiligstes Wort stets in der Gegend des Herzens wie einen höchst klaren Gedanken, licht und rein, wie ausgesprochene Worte, vernehme. Niemand, mir noch so nahe stehend, kann etwas von

---

18 Vgl. Neu-Salems-Gesellschaft (Hrsg.): Briefe Jakob Lorbers. Urkunden und Bilder aus seinem Leben. Neu-Salems-Verlag, Bietigheim 1931. Der Titel ist seit Jahrzehnten vergriffen.

irgendeiner Stimme hören. Für mich erklingt diese Gnadenstimme aber dennoch heller als jeder noch so laute materielle Ton. – Das ist aber nun auch schon alles, was ich Ihnen aus meiner Erfahrung sagen kann. – Aber es wandte sich jüngst eine dem Herrn höchst ergebene Frau durch mich an Ihn, und es ward ihr folgende Antwort zuteil, die ich Ihnen hier wörtlich mitteile. Sie lautete:

„Das, was nun Mein irdisch sehr armseliger Knecht tut, sollten eigentlich alle Meine wahren Bekenner tun können. Denn allen gilt das Evangeliumswort: ‚Ihr müsset alle von Gott gelehrt sein! Wen nicht der Vater ziehet, der kommt nicht zum Sohne!‘ Das aber besagt soviel als: Ihr müsset von eurer werktätigen, lebendigen Liebe zu Mir und daraus zu jedem bedürftigen Nächsten – zur innern Weisheit aus Gott gelangen! Denn eines jeden wahre, werktätige Liebe bin ja eben Ich Selbst gleich also in seinem Herzen, wie der Sonne lebendiger Strahl wirkend ist in jedem Tautropfen, in jeder Pflanze und in allem, was die Erde trägt. Wer Mich sonach wahrhaft über alles aus allen seinen Kräften liebt, dessen Herz ist auch voll von Meiner Lebensflamme und deren hellstem Lichte! Daß dadurch zwischen Mir und dem Mich über alles liebenden Menschen ein steter und hellster Verkehr entstehen muß, ist ebenso klar, wie daß ein gesundes Weizenkorn in fruchtbarer Erde unter dem warmen Sonnenstrahl zur segensreichsten Frucht emporwachsen muß. – Daß dieses aber mit den Menschen durch Erfüllung der im Evangelium gestellten Bedingungen wirklich möglich ist, dafür steht dieser Mein Knecht als ein Zeuge vor dir! – Aber das sage Ich dir auch: Mit einer bloßen Verehrung und noch so tief andächtigen Bewunderung Meiner göttlichen Vollkommenheit ist's da nichts! Solcher sogenannten frommen Christen gibt es eine Menge in der Welt, und doch erreichen sie wenig oder nichts. – Alles aber liegt an dem, daß jemand, der zu Meinem lebendigen Worte in sich gelangen will,

vollkommen ein Täter Meines Wortes ist. – Dies zur Darnach-
achtung für dich und jedermann!"

Hier, lieber Freund, haben Sie Ihre Frage so erschöpfend als
möglich beantwortet. Und es wäre vermessen von mir armem
Sünder, Ihnen noch ein mehreres darüber zu sagen. Jakob Lorber.

3.4 Lorbers „Dank- und Bittgebet des Knechts"

Lorber schrieb neben seinen großen Offenbarungswerken auch
sogenannte Himmelsgaben. Diese Sammlung, eine Art „geistiges
Tagebuch", enthält kleinere Kundgaben, die Lorber zu seiner und
seiner Freunde Belehrung empfing. Die Nebenworte geben Antwort auf wichtige Fragen zum täglichen Leben, zur Schöpfung,
zur Naturwelt, zum wahren Glauben und zur geistigen Wiedergeburt.

In dem hier wiedergegebenen „Dank- und Bittgebet des
Knechts" vom 14. März 1842 dankt Lorber Christus für „Dein
lebendiges, heiliges Wort". Die Verse sagen viel darüber aus, wie
Lorber es empfunden hat, seit zwei Jahren die „lebendige Stimme" zu empfangen.

Jakob Lorber, Himmelsgaben, Band 2, Seite 49–50, Bietigheim 1936

Dank- und Bittgebet des Knechts
Am 14. März 1842

O Du mein geliebtester Gott, Vater, Meister, Lehrer, Führer,
Erlöser und Lebendigmacher Jesus! Du ewige Liebe, Du ewiges
Licht! O Du ewige Erbarmung selbst! – Mit was für einem Her-
zen und mit was für Worten soll ich armer, sündenvollster
Mensch Dir danken für diese Deine gar so unbegreifliche große

Gnade, die Du, o mein geliebtester und angebetester Vater Jesus, mir Allerunwürdigstem bereits schon zwei voll Jahre hindurch hast also überaus liebevollst angedeihen lassen?!

Hättest Du mir eine wundertätige Kraft verliehen, wie viel Schaden hätte da mein arges Herz vor Dir schon sicher angerichtet, und ich schmachtete auch schon lange dafür in irgendeiner harten Landesverweisung! – Hättest Du mir weltliche Reichtümer beschieden, wie unglücklich wäre ich da! Denn sicher hätte mich dieses allergefährlichste Gift für den Geist schon lange getötet und unempfindlich gemacht für alles Wort von Dir und für alles, was wahrhaft Deinem allerheiligsten Willen gemäß ist. – Hättest Du mir sonst irgendein weltlich ansehnliches Amt verliehen, wie hätte ich da vielleicht gar oft einen unbarmherzigen Richter gemacht, hätte mich von der Welt verblenden lassen und wäre dadurch meinen Brüdern zur schrecklich bedrückenden Last geworden!

Kurz, Du hast mir alles das nur gegeben, was mich am allerglücklichsten machen mußte, nämlich die alleinige Liebesgnade, durch welche Du, liebevollster Vater Jesus, schon lange vorher mich erzogen und vorbereitet hast und hast mich öfter gedemütigt, durch Sünden sogar, damit ich dadurch dieser unaussprechlichen, allerhöchsten Gnade, der Du mich gegenwärtig noch immer würdigst, aufnahmefähig werden sollte, fast ähnlich einem Johannes, der da war und noch ist ein allergrößtes Wortwunder Deiner Liebe und Erbarmung zur Lebendigmachung eines jeden, der sein Leben darnach kehret!

Ja, solches hast Du unleugbar an mir getan! Du hast mich einer also hohen Gnade gewürdigt, daß ich den allergeringsten Teil derselben ewig nie erfassen werde! – Ja wahrlich, ich erkenne es nun, was das ist, was Du mir nun gibst! – Es ist das Allerhöchste! – Es ist Dein lebendiges, heiliges Wort, davon ich nicht eines Buchstaben würdig bin! – Ja also ist es wahr und wahr!

Aber wie Dir danken für solche unbedenklich allerhöchste Gabe!? – Ich? – der ich nicht einmal würdig bin, daß mich des schlechtesten Erdentages Licht bescheinte, der ich ein barstes Scheusal vor Dir, o Du überheiliger Vater Jesus, bin! – Siehe gnädigst herab auf mich armen, großen Sünder vor Dir! Erbarme Dich meiner und nehme dafür meine unvollkommene Liebe an, als wäre sie etwas vor Dir!

Das ist alles, was ich tun kann aus mir durch Deine gütigste Zulassung. Alles andere, was da aus der kleinen Reihe meiner Taten nur immer als gut erscheint, ist ja ohnehin nur Dein Werk – wie die Sünde das allein meinige!

Darum, o Du heiligster Vater Jesus, sei mir armem Sünder barmherzig und gnädig und nehme diesen meinen allergeringsten Dank an für Deine allerhöchste Gabe!

Und lasse Dich von mir und uns allen demütigst bitten, daß Du mit dieser Deiner unschätzbaren Gnade noch fernerhin, ja ewig bei uns verbleiben möchtest! – Und wenn Dein heiliger Wille es wäre, so lasse Dich bitten, mir auch heute für die Brüder ein heiliges Wörtlein zukommen zu lassen!

Doch Dein heiliger Wille geschehe jetzt wie allezeit und ewig! Amen.

3.5 Kommentar

Luther erbrachte jahrelang große Opfer, um durch die Erfüllung der Gebote einen gnädigen Gott zu erlangen. Daraus wuchs das reformatorische Verständnis, dass wir allein durch den Glauben vor Gott gerecht werden. Im Auszug aus dem dritten Artikel des „Großen und Kleinen Katechismus" und auch in seinem Brief an Melanchthon vermittelt er eindrucksvoll, dass uns allein der Heilige Geist heiligen könne und dass es „mancherlei Geister" zu unterscheiden gelte.

Lorber betont ganz zentral auch in seinen Briefen und „Himmelsgaben" die „lebendigen Stimme", die als Offenbarung direkt von Jesus komme und ihn, den „sehr armselige[n] Knecht", zum Schreiben zwinge; die Antworten seien allerdings nur „als erschöpfend als möglich" zu bezeichnen. Der Heilige Geist findet in Lorbers Briefen keine Erwähnung. In seiner Selbstdarstellung über die „lebendige Stimme" ist lediglich von „des Herrn heilige[m] Wort" die Rede, sodass kaum noch etwas an die Heilige Schrift erinnert. Anhänger der Lorberbewegung versuchen vielfach, einen Zusammenhang zwischen der „lebendigen Stimme" und dem Heiligen Geist zu konstruieren, was die Fragwürdigkeit der lorberschen Neuoffenbarung jedoch nicht ausräumen kann.

4

Thesen und Resümee

Lorbers „lebendige Stimme" –
keine Frucht des Heiligen Geistes

Dieses Buches widmet sich im Kern dem Phänomen „lebendige Stimme", das es zu beurteilen galt. Die Gegenüberstellung der lutherischen Auslegung und der lorberschen Erklärung des Johannes-Evangeliums hat grundsätzliche Widersprüche aufgezeigt, die Lorbers Neuoffenbarung zur der Heiligen Schrift inkompatibel machen. Die stete Beteuerung, dass der Geist der Neuoffenbarung identisch sei mit dem Geist der Bibel, hat die Untersuchung keineswegs ergeben. Sinnentstellungen, begriffliche Umdeutungen und dubiose Erklärungen weisen weg von der biblischen Auslegung und hin zu einem eigenen Glaubensverständnis, das allerdings der Christologie nicht gerecht wird. Die Hauptkritikpunkte zu Lorbers „Großem Evangelium Johannis" seien an dieser Stelle noch einmal pointiert zusammengefasst.

Ungeprüfte Eingebungen
Am 15. März 1840 vernahm Lorber zum ersten Mal die „lebendige Stimme", das „Großes Evangelium Johannis" begann er 1851 zu verfassen. Lorber lebte zu dem Zeitpunkt also bereits elf Jahre lang mit den Eingebungen und hat das Phänomen nicht (mehr) kritisch hinterfragt. Dieser Effekt scheint auch auf den heutigen Leser zu wirken: Je länger man sich mit Lorbers Werk beschäf-

tigt, umso stärker ist man geneigt, seine Neuoffenbarung kritiklos anzunehmen.

Infragestellung der Übersetzung
Lorber weist auf eine falsche Übersetzung im Johannes-Evangelium hin und stellt somit die gesamte Übersetzung infrage.

Sinnentstellungen durch veränderte Wortwahl
Durch seine spezifische Begriffswahl konstruiert Lorber den Monismus und hebt folglich die Trinität auf: Gott Vater, Sohn und Heiliger Geist fließen im „lebendigen Namen Gottes Jesus-Jehova-Zebaoth" zusammen. Indem er der Schrift und dem Nizänum („durch ihn ist alles geschaffen") widerspricht, rechtfertigt er den Monismus. Der bei Lorber verwendete Begriff *Schwäche* statt *Sünde* führt zu einer weiteren Sinnentstellung: Das Lamm Gottes trägt laut der biblischen Überlieferung der Welt Sünde, gemäß Lorber trägt es dagegen die Schwächen der Menschen. Fragwürdig ist zudem Lorbers Verständnis vom „Menschensohn": Nicht der *eingeborene Sohn Gottes,* der aus Liebe zu den Menschen gestorben ist, wird erhöht, sondern der *Menschensohn,* der gleichzeitig der Vater ist. Das lorbersche Begriffsinventar entfremdet nicht nur von der Heiligen Schrift, sondern stellt den Menschen und nicht die Gottheit Christi in den Vordergrund. Diese Missverständnisse liefern Nährboden für den steten Streit über die Christologie.

Irreführendes Verständnis von der Wiedergeburt
Die von der „lebendigen Stimme" offenbarte Wiedergeburt des Geistes zur wahren Kindschaft Gottes stellt die Herrlichkeit des eingeborenen Sohnes in den Hintergrund und hebt in der Konsequenz die Christologie auf. Wenn gemäß Lorbers Neuoffenbarung Gläubige selber fähig sind, Engel hinaufwandeln zu sehen,

werden die Worte Christi belanglos. Die von Lorber beschriebenen drei Stadien der Wiedergeburt des Geistes stehen ebenfalls im Widerspruch zum neutestamentlichen freimachenden Glauben an Christus. Im Gegensatz zur Heiligen Schrift, die bei der Wiedergeburt des Geistes ein Mitwirken am Heil ausschließt, lehrt Lorber den Synergismus. Gerade hinsichtlich der Wiedergeburt des Geistes erweist es sich als gefährlich, einzelne Wörter zu verändern, weil damit eine Sinnentstellung des gesamten Textes einhergeht.

Geistiger Hochmut
Lorber schmeichelt mit der alten Lüge, der Anmaßung, dass wir Menschen wie Gott sein werden. Dies ist allerdings nur eine Variante des geistigen Hochmuts.

Gnosis
Lorbers neuoffenbarte Herrlichkeit Christi reicht zum Bezeugen der Schöpfung nicht aus. Deshalb muss er auf gnostische Erklärungsmodelle zurückgreifen.

Dubioses
Die lorbersche Schilderung der Tempelreinigung zeugt nicht mehr vom Ernst Gottes. Vielmehr wird Jesus durch Beschreibung dubioser Tempeldetails zu einem Romanhelden degradiert.

Zusammenfassend sollte deutlich geworden sein, dass Lorbers Erklärungen in vielen Details als fragwürdig einzustufen sind. Es ist ein Irrtum, die „lebendige Stimme" Lorbers für eine authentische Offenbarung Gottes zu halten, die als Grundlage des christlichen Glaubens gelten soll. Es drängt sich vielmehr der Eindruck auf, als ob das biblische Johannes-Evangelium Lorber lediglich als Konzept diente, um eine eigenständige religiöse Erzählung in Gang zu setzen.

Der Heilige Geist ist uns allen verheißen, nicht aber die exklusive Gabe der „lebendige Stimme". Die Christen sollten „Sonderlehren", die von der Heiligen Schrift wegführen und den Heiligen Geist missinterpretieren, mit Aufmerksamkeit und Skepsis begegnen. Weltweit ist die Christenheit trotz aller Unterschiedlichkeit miteinander verbunden – durch die Credotexte des Nizänums und des Apostolikums. Diese Einheit der christlichen Gemeinde gilt es zu stärken und das Grundlegende zu fokussieren: die gemeinsame Anbetung des Heiligen Geistes im Gottesdienst. Nur so erfahren wir Ermutigung zum Leben und Kraft für die Imitatio Christi.

Literaturhinweise

Es gibt eine Vielzahl von Untersuchungen zu Jakob Lorber, darunter nicht nur religionswissenschaftliche Analysen, sondern auch Schriften aus anderen Fachrichtungen. Zum Weiterlesen seien insbesondere folgende – überwiegend lorberkritische – Werke empfohlen:

BÖHM, JOHANNA: Jakob Lorber. Eine kritische Durchsicht. o. O. 2011, online unter http://www.jakoblorber.de/inhalte/ jakoblorber.pdf (12.08.2013).

DAXNER, ANDREA: Wi(e)der die Wahrheit. Neuoffenbarungsbewegungen am Beispiel der Lorber-Bewegung. Eine Herausforderung für Seelsorge, Beratung und Forschung, Dissertation, Universität Wien, 2003.

DIEMLING, PATRICK: Neuoffenbarungen. Religionswissenschaftliche Perspektiven auf Texte und Medien des 19. und 20. Jahrhunderts. Dissertation, Universität Potsdam, 2012.

FINCKE, ANDREAS: Jesus Christus im Werk Jakob Lorbers. Untersuchungen zum Jesusbild und zur Christologie einer „Neuoffenbarung". Dissertation (unveröffentlicht), Universität Halle-Wittenberg, 1992.

KÖNIG, HENRIKE: Jakob Lorber und die Sonnenheilmittel. Dissertation, Universität Graz, 1999.

NOACK, THOMAS: Die Neue Kirche und das Phänomen Jakob Lorber. Ein geschichtlicher Überblick mit einer persönlichen Stellungnahme. In: *Offene Tore* 55.2011,1, S. 2–31.

PÖHLMANN, MATTHIAS: Lorber-Bewegung – durch Jenseitswissen zum Heil? Konstanz 1994.

PÖHLMANN, MATTHIAS (Hrsg.): „Ich habe euch noch viel zu sagen …" Gottesboten – Propheten – Neuoffenbarer. EZW-Texte Nr. 169, Berlin 2003.

RINNERTHALER, REINHARD: Zur Kommunikationsstruktur religiöser Sondergemeinschaften am Beispiel der Jakob-Lorber-Bewegung. Dissertation, Universität Salzburg, 1982.

STETTLER-SCHÄR, ANTOINETTE: Jakob Lorber. Zur Psychopathologie eines Sektenstifters. Dissertation, Bern 1966.